¡AGUA!
TU CUERPO TIENE SED
Los secretos de una buena hidratación

CHRISTOPHER VASEY

¡ AGUA !
TU CUERPO TIENE SED
Los secretos de una buena hidratación

EDICIONES OBELISCO

Si este libro le ha interesado y desea que lo mantengamos informado de nuestras publicaciones, escríbanos indicándonos qué temas son de su interés (Astrología, Autoayuda, Ciencias Ocultas, Artes Marciales, Naturismo, Espiritualidad, Tradición...) y gustosamente le complaceremos.

Puede consultar nuestro catálogo en www.edicionesobelisco.com.

Los editores no han comprobado ni la eficacia ni el resultado de las recetas, productos, fórmulas técnicas, ejercicios o similares contenidos en este libro. No asumen, por lo tanto, responsabilidad alguna en cuanto a su utilización ni realizan asesoramiento al respecto.

Las tablas de las págs. 144 a 149 de la edición francesa, que se referían a aguas de Francia, Bélgica y Suiza, han sido sustituidas por las que aparecen en las págs. 110 a 115, referidas a aguas españolas, según criterio del editor.

Colección Salud y vida natural
¡Agua! Tu cuerpo tiene sed
Christopher Vasey

1.ª edición: febrero de 2008

Título original: *L'eau: source vitale de votre santé*

Traducción: *Raúl Martínez*
Maquetación: *Mariana Muñoz*
Corrección y adaptación: *Aurelia Vigil*
Diseño de cubierta: *Enrique Iborra*

© 2002, Éditions Jouvence, chemin du Guillon 20, case 143.
CH - 1233 Bernex - Suiza
www.editions-jouvence.com
(Reservados todos los derechos)
© 2008, Ediciones Obelisco, S.L.
(Reservados los derechos para la presente edición)

Edita: Ediciones Obelisco S. L.
Pere IV, 78 (Edif. Pedro IV) 3.ª planta 5.ª puerta.
08005 Barcelona - España
Tel. 93 309 85 25 - Fax 93 309 85 23
E-mail: obelisco@edicionesobelisco.com

Paracas, 59 C1275AFA Buenos Aires - Argentina
Tel. (541-14) 305 06 33 - Fax: (541-14) 304 78 20

ISBN: 978-84-9777-433-8
Depósito Legal: B-376-2008

Printed in Spain

Impreso en España en los talleres gráficos de Romanyà/Valls S. A.
Verdaguer, 1 - 08786 Capellades (Barcelona)

Introducción

Se suele decir que el agua es la bebida ideal para el ser humano y que beber agua es bueno para la salud. En cambio, no se suele hablar de las razones por las que esto es así y a menudo se olvida el agua como factor de salud.

Y lo es precisamente porque se trata de un elemento muy expandido, siempre disponible y con un precio muy económico.

Sin embargo, el agua desempeña un papel fundamental para la salud. Bebida diariamente en la cantidad necesaria, no solamente mantiene el buen funcionamiento del organismo, sino que asimismo puede prevenir y curar numerosos trastornos.

¿Quién podría pensar que el cansancio, la falta de energía, la depresión, los eczemas, el reumatismo, los problemas de tensión sanguínea, la hipercolesterolemia, los dolores gástricos, el envejecimiento precoz, etc., también podrían tener como causa una falta crónica de agua en el organismo? La práctica demuestra que una correcta rehidratación previene y trata con eficacia estos y muchos otros trastornos.

En la actualidad, son muchas las personas que no beben lo suficiente. Es verdad que consumen con abundancia café, té y toda clase de refrescos industriales, pero estas bebidas tienen virtudes hidratantes mucho más débiles que el agua. Además, actualmente la necesidad que tiene el cuerpo de agua es mucho más elevada que antaño. Nuestra alimentación es demasiado rica, concentrada y salada, y el consumo de productos deshidratantes como el alcohol o el tabaco es elevado. El estrés, los locales demasiado calentados y artificialmente ventilados, la contaminación, etc., también contribuyen a aumentar nuestras necesidades de agua.

Mucha gente cree beber lo suficiente. Pero en realidad no es así, y aparecen trastornos de la salud debidos a la deshidratación sin que seamos conscientes de ello. Para remediar esta situación, sólo cabe una medida: beber mucha más agua. Sin embargo, cambiar nuestras costumbres a largo plazo requiere que sepamos por qué el agua es tan importante. ¿Qué ocurre cuando penetra en el cuerpo? ¿Qué trastornos se deben a la deshidratación? ¿Cómo hay que beber? ¿Qué agua debemos escoger? Éstas son algunas de las numerosas preguntas que abordamos en este libro.

El último capítulo expone diez curas sencillas que muestran cómo obtener importantes efectos curativos simplemente utilizando el agua como agente terapéutico.

CAPÍTULO 1

♦

EL AGUA Y EL CUERPO HUMANO

La manera en que pensamos que nuestro cuerpo está construido y funciona determina nuestra forma de utilizarlo y cuidarlo.

Sin embargo, la consideración que tenemos de nuestro propio cuerpo sigue estando dominada –la mayoría de veces inconscientemente– por una visión mecanicista antigua que nuestros actuales conocimientos fisiológicos han superado. Desgraciadamente, al no ajustarse a la realidad, esta concepción nos hace menospreciar un factor fundamental: **la importancia del agua para la salud**.

Si comparamos el cuerpo con una máquina, esta concepción –también llamada solidismo– considera el cuerpo como una máquina hecha con engranajes sólidos (los órganos) por la que circulan líquidos (sangre, linfa…). El cuerpo estaría, así, construido con materiales «secos» y «duros», y los líquidos y el agua sólo serían un componente despreciable o muy secundario cuyo papel se limitaría al de engrasar el mecanismo y transportar diferentes sustancias de una parte del cuerpo a otra.

Esta concepción impregna hasta tal punto los razonamientos que, cuando se declara una enfermedad, la atención se concentra ante todo en las partes sólidas del cuerpo: los órganos. En cambio, se presta muy poca atención a los líquidos orgánicos desde el punto de vista cualitativo y, sobre todo, cuantitativo.

¿Tiene razón de ser esta falta de interés por los líquidos? No, al contrario. En efecto, ¿de qué otra cosa, sino de agua, está constituido el organismo humano?

El contenido de agua en el organismo

Aunque sólidos y líquidos entran en la composición del cuerpo, los líquidos están presentes en una cantidad mucho más importante que los sólidos. En efecto, la fisiología nos enseña que el agua es el constituyente más importante del cuerpo, y representa un 70 % de la composición de nuestro organismo.

Así pues, un ser humano con un peso de 60 kg contiene 42 kg de líquidos (en forma de sangre, linfa y sueros celulares), es decir, algo más de dos tercios de su peso. Sólo dieciocho kilos constituyen la parte sólida del organismo. ¡Nos hallamos, por tanto, muy lejos de un cuerpo construido con material «duro» en el que encontraríamos «un poco» de líquido!

De hecho, esta proporción no es la más elevada que pueda alcanzar el cuerpo humano a lo largo de su existencia. Sólo se trata del contenido de agua de un cuerpo de adulto. Esta proporción es todavía mayor durante la infancia y, sobre todo, durante la gestación: ¡la proporción de agua del cuerpo de un recién nacido es del 80 %, la de un feto de 7 meses del 85 % y la de un feto de 4 meses, del 93 %!

Proporción de agua en el cuerpo en función de la edad	
Edad	Porcentaje de agua
Feto de 4 meses	93 %
Feto de 7 meses	85 %
Recién nacido	80 %
Niño	75 %
Adulto	70 %
Persona mayor	60 %

Los líquidos contenidos en el cuerpo no se mezclan los unos con los otros como si estuvieran en una gran bolsa cuyas cubiertas serían la piel. Al contrario, están separados y repartidos en diferentes compartimentos del organismo situados a más o menos profundidad.

El líquido que está más en la superficie es la sangre. Esto es así porque la sangre es la primera en recibir las aportaciones del exterior, es decir, el oxígeno por las vías respiratorias y las sustancias nutritivas por las mucosas del tubo digestivo. La sangre representa un 5 % de nuestro peso. Sólo circula en el interior de las arterias, las venas y los capilares, es decir dentro de la red vascular.

En el compartimento directamente por debajo de la sangre se encuentran el suero extracelular y la linfa (*véase* esquema 1).

Como su nombre indica, el **suero extracelular** se encuentra **externamente** a las células. Las rodea y las baña, llenando los pequeños espacios o intersticios que separan las unas de las otras, de ahí su nombre de *líquido intersticial*. Constituye el entorno exterior de las células, el gran océano en el que «flotan». El líquido intersticial recibe el oxígeno (en forma líquida) y las sustancias nutritivas que la corriente sanguínea arrastra y lleva hasta las células, donde se utilizan. También recibe los desechos y residuos que producen las células y los conduce hasta el compartimento superior, el de la sangre, desde donde serán llevados a los emuntorios (hígado, riñones…) para ser filtrados y eliminados (*véase* esquema 2).

Sangre	5 %
Suero extracelular	15 %
Suero intracelular	50 %

Esquema 1: Los tres compartimentos o niveles corporales y su porcentaje respecto al peso del cuerpo.

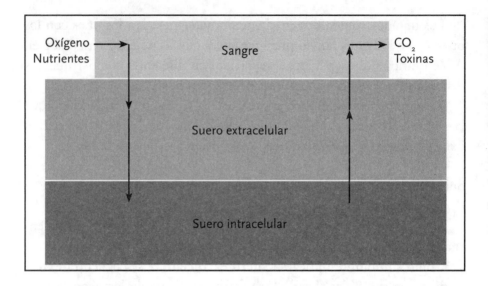

Esquema 2: La función transportadora de los líquidos.

La linfa, que se encuentra en el mismo nivel que el suero extracelular, elimina en éste parte de las toxinas procedentes de las células y las lleva hasta la sangre. En efecto, los vasos linfáticos por los que circula la linfa se vierten en la sangre a la altura de las venas subclavias. Desde ahí, las toxinas serán llevadas hasta los emuntorios.

El suero extracelular y la linfa representan en total un 15 % del peso corporal; es decir, tres veces más que la sangre (para simplificar nuestra exposición, la linfa estará a continuación asociada al suero extracelular).

El compartimento siguiente, el tercero y más profundo, es el del **suero intracelular**. Se compone de todos los líquidos situados en el interior de las células.

Aunque el espacio interior de cada célula sea extremadamente reducido –ya que las células no son visibles a simple vista–, al sumarse, estos espacios acaban constituyendo un espacio de grandes dimensiones. El suero intracelular que las llena representa en efecto un 50 % del peso del cuerpo. El oxígeno y los nutrientes transportados hasta allí por el suero extracelular penetran en el suero atravesando las membranas celulares. Una vez en el interior de la célula, serán utilizados por los órganos de la célula (los organelos) y por el núcleo celular (*véase* esquema 3).

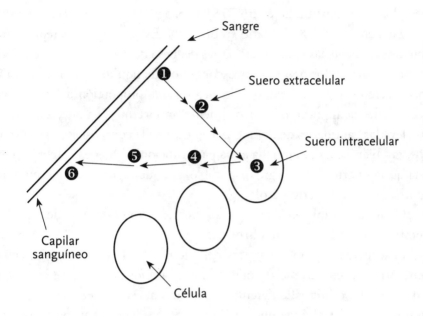

Sangre

Suero extracelular

Suero intracelular

Capilar
sanguíneo

Célula

1. El oxígeno y los nutrientes transportados por la sangre atraviesan las paredes de los capilares y penetran en el suero extracelular.

2. El suero extracelular los transporta hacia la célula.

3. Penetran en la célula atravesando su membrana.

4. El CO_2 y las toxinas abandonan el suero extracelular.

5. El suero extracelular los transporta hasta los capilares.

6. La sangre los conduce hasta los emuntorios.

Esquema 3: Asimilación y desasimilación celular.

Así pues, nuestro cuerpo, y por tanto nuestros órganos, están constituidos por mucha más agua que material sólido. Los pulmones y el corazón, por ejemplo, están constituidos en un 70,9 % por agua, los músculos en un 75 %, el hígado en un 75,3 % y el bazo en un 77 %. Estos porcentajes representan aproximadamente las tres cuartas partes del peso de los órganos en cuestión.

Sin embargo, los órganos cuyo contenido de líquido es el más elevado son el cerebro y el cerebelo, donde alcanza una proporción del 83 %. Sus necesidades de líquido son especialmente importantes, ya que, además de las elevadas cantidades de líquido que entran en la composición de sus tejidos, también necesitan mucha agua para funcionar. ¡Sólo el cerebro recibe una quinta parte de la sangre disponible, aunque representa una quincuagésima parte de nuestro peso!

¿Cómo es posible que, con una proporción tan destacable de líquidos, nuestros tejidos tengan tanta firmeza?

A excepción de algunas partes del cuerpo (los huesos, las uñas) cuya concentración en sustancias sólidas es muy importante (un 78 % para el esqueleto), las células adquieren paradójicamente su firmeza o solidez precisamente gracias al agua que contienen. Se produce el mismo fenómeno que en el caso de una manguera, flexible y blanda en sí, pero que se torna rígida y firme cuando está llena de agua. El agua que llena la célula ejerce una presión sobre la envoltura celular, dándole así forma y firmeza.

Si encontramos cantidades de agua tan importantes en el cuerpo humano es porque el entorno original del que proceden todas las especies vivas era un entorno líquido. Por tanto, la presencia de agua es indispensable para que la vida pueda manifestarse.

El agua, entorno original de los seres vivos

Los primeros seres vivos aparecieron en el entorno marino primitivo. Gracias a una adaptación muy lenta, algunas especies animales pudieron abandonar el entorno líquido en el que vivían para instalarse en parte en tierra firme; se convirtieron así en animales anfibios. Los posteriores procesos de adaptación permitieron más tarde a algunos seres anfibios abandonar definitivamente el medio acuático para transformarse en animales de tierra firme, fuera de las aguas.

Se descubrió que el medio marino había sido el medio natural de donde procedieron todas las especies animales cuando se supo que la composición del plasma sanguíneo (la parte líquida de la sangre) y del suero extracelular de las diferentes especies animales era muy similar a la composición del agua marina. Este hecho se comprueba no solamente en lo que se refiere a los tipos de minerales presentes, sino también en las proporciones de los unos respecto a los otros.

Aunque hace ya tiempo que las especies animales de tierra abandonaron el océano primitivo, su dependencia respecto al entorno líquido sigue siendo absoluta. Esta dependencia se manifiesta por una parte en el hecho de que sus células todavía tienen que estar bañadas en líquidos para sobrevivir y, por otra parte, porque los aportes de agua regulares, ininterrumpidos y suficientes son absolutamente indispensables para su funcionamiento.

El mar como medio original representaba para los animales que vivían en él no solamente su entorno exterior, sino también una inmensa reserva de agua en la que beber en cualquier momento. Sin embargo, las especies animales perdieron este entorno al abandonar el medio marino. Al penetrar en el medio aéreo y seco de la tierra firme, dejaron de estar rodeadas de agua. Se quedaron, por tanto, sin una reserva de agua a la que recurrir cuando quisieran.

A fin de sobrevivir, dos aspectos se hicieron imprescindibles: una interiorización del entorno líquido exterior y una gestión interna muy eficaz del agua disponible.

La interiorización del entorno líquido

La interiorización del entorno líquido marino consistió en reproducir un entorno líquido dentro del cuerpo. Esta reproducción es el medio extracelular en el que se encuentran actualmente las células de los animales de tierra. Constituye, por tanto, el gran «océano interior» en el que están inmersas las células de nuestro cuerpo.

Pero no bastaba con «interiorizar» el agua exterior para que el organismo sobreviviera. Al funcionar ahora casi como un circuito cerrado, tenía que realizar numerosas tareas con una cantidad de líquidos muy limitada. Alexis Carrel, premio Nobel de Medicina de 1912, calculó que para irrigar correctamente una superficie correspondiente a las 200 hectáreas de tejidos celulares del cuerpo humano, ¡se necesitarían aproximadamente 200.000 litros de agua! Así pues, si las pocas decenas de litros de líquido del cuerpo humano bastan, a pesar de todo, para mantener la vida, es porque no son inmóviles, sino que se encuentran en constante movimiento.

Gracias a este movimiento, las células de nuestros tejidos ya no tienen que desplazarse para encontrar su alimento, como es en parte el caso de los seres unicelulares –las amebas, por ejemplo– en un medio acuático. En efecto, este alimento les llega a través de los líquidos en circulación. Este movimiento también permite que las células del cuerpo no tengan que alejarse de las toxinas que acaban de rechazar, sino que los líquidos en movimiento se llevan estas toxinas.

Los diferentes líquidos orgánicos circulan a una velocidad que les es propia. La sangre es más rápida: da la vuelta al cuerpo en aproximadamente un minuto. Los sueros intra y extracelulares se desplazan a una velocidad menor, pero se producen intercambios muy rápidos y muy intensos entre los diferentes niveles. Así, las profundidades del organismo –el medio celular– reciben rápidamente cualquier sustancia que penetra en el cuerpo. En pocos minutos, por ejemplo, el alcohol contenido en una bebida ha entrado en la sangre, ha atravesado el nivel extracelular y ha penetrado en las células cerebrales, como lo atestiguan los efectos provocados a este nivel por las bebidas alcohólicas tras un lapso de tiempo muy breve.

La gestión de los líquidos

El segundo requisito indispensable para la supervivencia del organismo es un sistema de gestión del agua que controle de cerca las entradas y salidas de líquido, procurando que cualquier déficit sea rápidamente compensado. Dicho de otra manera, las inevitables eliminaciones de líquidos orgánicos (orina, sudor…) deben imperativamente ser compensadas por aportaciones de agua.

El elemento motor de este sistema de gestión es la sensación de sed que nos incita a beber. Aparece en cuanto el cuerpo empieza a deshidratarse. El agua ingerida evita el deterioro y la muerte que aparecerían si el déficit hídrico fuera demasiado importante o se prolongara durante demasiado tiempo. En efecto, basta con unos pocos días de privación total de líquidos –teóricamente tres días; en la práctica hasta siete días aproximadamente– para que el organismo deje de funcionar y muera.

La dependencia del ser humano respecto al elemento líquido es menor que respecto al aire, ya que sólo sobreviviría unos minutos (entre tres y seis aproximadamente) sin respirar. Sin embargo, el aire rodea al ser humano por todas partes y lo tiene siempre a su disposición, lo que no es el caso del agua.

Aunque la sed le indique cuándo y cuánto beber, el cuerpo humano de hoy no absorbe la cantidad de líquidos necesarios para gozar de una salud y una vitalidad óptimas. El déficit hídrico no basta para provocar la muerte, pero sí es lo suficientemente importante para atentar a su salud. Así, al igual que una planta que se marchita y se debilita por falta de agua, la persona que sufre una deshidratación parcial pierde sus fuerzas y cae enferma. Desgraciadamente, los trastornos resultantes no son a menudo reconocidos como tales.

En sus aspectos cualitativos y cuantitativos, la importancia del agua se encuentra en el centro del planteamiento conocido con el nombre de «humoralismo» (del término «humor», utilizado habitualmente en el pasado para referirse a los diferentes líquidos orgánicos). Contrariamente al solidismo, que considera el cuerpo como una suma de órganos sólidos y secos que quiere curar actuando sobre los órganos, el humoralismo considera el organismo como un conjunto de líquidos en los que se encuentran las células, de las que dependen estrechamente y sobre los cuales se centrarán los esfuerzos terapéuticos.

Por tanto, el humoralismo es la base de las medicinas del terreno (naturopatía, homeopatía, etc.). En efecto, este terreno se compone de los líquidos orgánicos (sueros intra y extracelulares, linfa y sangre), y cualquier modificación tanto cualitativa como **cuantitativa** de estos líquidos provoca trastornos de salud. Naturalmente, estos trastornos serán más graves, ya que estas modificaciones los habrán alejado del estado ideal.

Para los defensores del humoralismo, el agua no es únicamente un elemento accesorio que sirve para llenar los espacios vacíos (papel estructural) y llevar nutrientes (función transportadora), sino que participa en el funcionamiento mismo del organismo. Es decir, el agua no es utilizada únicamente por las partes «sólidas», sino que **ella misma actúa sobre los sólidos por su presencia, su movimiento y sus propiedades**.

En efecto, las funciones del agua son múltiples. Al entrar y salir de las células, produce energía hidroeléctrica que queda almacenada en forma de adenosín trifosfato, o ATP (*función energética* del agua). Provoca reacciones químicas al descomponer sustancias que están en suspensión en ella (función hidrolítica). Cuanto más se espesan los líquidos orgánicos, más lentamente se producen las reacciones bioquímicas, lo cual significa que un aporte de líquido suficiente permite poner de nuevo en marcha el «motor orgánico» (*función activadora* o *inhibidora* sobre las reacciones bioquímicas del cuerpo). La depuración de la sangre en los riñones se lleva a cabo principalmente gracias a la presión que el líquido traído a través de la arteria renal ejerce sobre el filtro renal (*función eliminadora*). Al evaporarse sobre la piel, el agua enfría el cuerpo (función termorreguladora). Según su presencia en los vasos en cantidad suficiente o no, el agua modifica la presión sanguínea y el movimiento de la sangre (*función circulatoria*). La multitud de los intercambios entre el interior y el exterior de las células se produce gracias a la diferencia de presión que ejercen los líquidos situados en ambos lados de las membranas celulares (*función osmótica*).

Además, según diferentes investigaciones y experimentos, el corazón no sería tanto una bomba que hace circular los líquidos en el cuerpo –como se suele creer habitualmente–, sino un intercambiador puesto en marcha y mantenido por los propios líquidos (*función circulatoria*). Lo que corroboran los experimentos hechos a este respecto (de Manteuffel Szoege),[*] es que, en el feto, el sistema circulatorio existe y funciona antes de que el corazón se haya formado.

Por tanto, el agua no solamente está presente en la estructura del cuerpo en una cantidad mucho más importante de lo que se suele creer, sino que también desempeña un papel fundamental en el funcionamiento orgánico.

Puesto que todo lo relativo al agua en el cuerpo es poco conocido, vamos a ver ahora cómo el agua penetra en el cuerpo, lo que ocurre con ella cuando ya está en el interior del cuerpo y cómo lo abandona. En otras palabras, vamos a describir el ciclo del agua en el interior del organismo.

---

[*] MANTEUFFEL SZOEGE, L.: *Réflexions sur la nature des fonctions mécaniques du coeur*, Minerva Cardioangiolica Europea, VI, 1958.

CAPÍTULO 2

◆

EL CICLO DEL AGUA EN EL CUERPO

El organismo humano es el lugar de paso de una corriente ininterrumpida de agua. Este paso se lleva a cabo en tres etapas: las aportaciones de agua, su absorción por parte de los tejidos y las células y, finalmente, su eliminación.

Las aportaciones de agua

El agua necesaria para el organismo penetra en el cuerpo por tres vías de importancia diversa: la boca, los pulmones (en forma de vapor) y la piel.

La boca

Es la vía principal del agua, ya que es por donde penetran las cantidades más elevadas de líquido que recibe el cuerpo. Cada día, alrededor de 2,5 litros de líquido penetran en nuestro cuerpo a través de la boca. Este líquido se presenta bajo forma de agua libre o de agua ligada.

El agua libre es la que constituye nuestras bebidas. Es simplemente agua ingerida tal cual, o agua a la que se asocian sustancias especiales que le dan un sabor, un olor y un color específicos. Por ejemplo, café molido para el café, hojas de plantas medicinales para las infusiones, azúcar y aromas para los refrescos industriales.

En cuanto al agua ligada, procede de nuestros alimentos sólidos; se trata del agua que forma parte de sus tejidos. Es el caso del jugo contenido en la pulpa de las frutas y las verduras. Como el agua es indispensable en todas las manifestaciones de la vida, todos nuestros alimentos –ya sean de origen vegetal o animal– también están constituidos por agua. Sin embargo, algunos son más ricos en agua que otros. Veamos a continuación la proporción de agua de los diferentes alimentos.

Los alimentos más ricos en agua son las verduras. El récord absoluto lo tienen los pepinos, con una proporción de agua del 95,6 %. Les siguen de cerca la lechuga con un 94,4 % y la escarola con un 94 %. Las verduras de raíz tienen una proporción de agua algo menos elevada: un 88,6 % para las zanahorias, un 88 % para los apios y un 86,8 % para las remolachas. El modo de preparación de los alimentos tiene evidentemente una influencia sobre su proporción de agua. Si las patatas crudas se componen de agua en un 77,4 % y esta proporción es aproximadamente la misma si son hervidas (un 76 %), disminuye en cambio en gran medida en caso de freírlas (un 20 %) y de las patatas *chips* (un 3 %).

La fruta es casi igual de jugosa que la verdura. Las frutas más ricas en agua son las sandías y los melones (un 92 %). Las frutas habitualmente consumidas, como las manzanas o las peras, tienen una proporción de agua en torno al 84 %. Los frutos secos, como su nombre indica, contienen mucho menos líquido: las pasas un 24 %, los albaricoques secos un 24 % y los dátiles, un 20 %. Los frutos oleaginosos son todavía más pobres en agua: un 4,7 % para las almendras y un 3 % para las nueces.

La proporción de agua de las carnes de origen animal se sitúa en torno al 70 %, aproximadamente el mismo nivel que el del cuerpo humano. El pescado tiene un contenido algo más elevado (entre un 65 y un 82 %), los huevos casi el mismo (un 74 %) y el de la carne es el mismo o ligeramente inferior (entre un 56 y un 70 %): la ternera un 69 %, el cordero un 62 %, el buey un 61 % y el cerdo un 56 %. La charcutería tiene una proporción de agua inferior, entre un 15 y un 50 %: el paté de hígado un 37 %, el salami un 28 %.

Los productos lácteos más ricos en agua son los yogures (un 86 %) y el queso fresco (un 79 %). Son porcentajes elevados si tenemos en cuenta que la leche de vaca, con la que se elaboran estos productos, se compone de agua en un 87 %. Los quesos blandos, como el camembert, contienen un 53 % de agua, pero los quesos duros (gruyer, emmental) sólo un 34 %.

Los cereales (trigo, centeno…) y el arroz tienen todos una proporción de agua en torno al 12 % cuando están secos. Una vez cocidos, y por tanto empapados de agua, este valor aumenta claramente y puede alcanzar hasta alrededor de un 71 %. Lo mismo ocurre con las pastas secas: antes de su cocción contienen un 9 % de agua y después un 61 %. Los copos de cereales, al no ser más que cereales machacados, tienen una proporción de agua similar a la de los cereales crudos. En cambio, la del pan varía entre un 34 y un 37 %, mientras que la de los biscotes (panecillos suecos, pan tostado…) es de entre un 7 y un 8 %.

Las legumbres, como las lentejas, los garbanzos, las judías y la soja tienen una proporción de agua similar a la de los cereales, en torno al 11 %.

El azúcar refinado no contiene agua. Los caramelos tienen un 4,5 % y el chocolate un 1 %.

La proporción de agua no es más que una de las numerosas características que poseen los alimentos; no puede servir por sí sola para establecer un régimen alimentario. En efecto, algunos alimentos pueden ser muy pobres en agua –los cereales por ejemplo (un 12 %)–, pero ser indispensables para una alimentación equilibrada, mientras que otros son ricos en agua –por ejemplo las sandías–, aunque tienen un valor nutricional reducido.

Según qué alimentos formen la base de la alimentación de una persona, la aportación de agua ligada será, en consecuencia, elevada o no. Será elevada si la alimentación incluye mucha fruta y verdura, pero reducida si estos alimentos representan sólo una pequeña parte del régimen alimentario. En algunas personas, el agua de la fruta y la verdura cubre hasta dos terceras partes de sus necesidades diarias de agua, y el resto lo aportan las bebidas. En otras personas, se produce el fenómeno inverso: debido a una alimentación mucho más seca por falta de fruta y verdura, las dos terceras partes de los requerimientos diarios de agua deberán ser cubiertas por las bebidas.

Los pulmones

La segunda puerta de entrada por la que el agua penetra en nuestro cuerpo son las vías respiratorias. En forma de vapor invisible, en suspensión en el aire, el agua entra en contacto con las mucosas pulmonares. Se efectúa entonces una absorción de la humedad del aire en los alvéolos. Aunque muy reducida, esta absorción se produce. Este proceso de absorción se lleva a cabo de forma pasiva y no está muy desarrollado en el hombre. En cambio, algunos insectos cubren una parte significativa de sus necesidades de agua tomando, a través de sus vías respiratorias, el agua contenida en el aire, aunque la humedad relativa del aire sea escasa.

Contenido de agua en los alimentos	
Verduras	
pepino	95,6%
lechugas	94%
zanahoria	88,6%
apio	88%
remolacha	86,8%
patata	77,4%
Fruta y frutos secos	
sandía, melón	92%
manzana, pera	84%
pasas	24%
dátiles	20%
almendras	4,7%
nueces	3%
Carne	
pollo	70%
ternera	69%
cordero	62%
buey	61%
cerdo	56%
salami	28%
Pescado	
bacalao fresco	82%
merluza	80%
trucha	77,6%
caballa	68,1%
salmón	65,5%
Huevo	
huevo de gallina	74%

Contenido de agua en los alimentos (cont.)	
Productos lácteos	
leche de vaca	87%
yogur	86%
queso fresco	79%
nata	62%
camembert	53%
roquefort	40%
queso de Cantal	37%
gruyer	34%
parmesano	31%
mantequilla	17,4%
Cereales y arroz	
trigo	12,6%
arroz	12%
arroz cocido	71%
cebada	11,1%
avena	11,1%
pasta seca	9%
pasta cocida	61%
Pan	
biscotes	7-8%
Legumbres	
judías	16,7%
lentejas	11,6%
garbanzos	10,6%
soja	7,5%
Otros	
mayonesa	40%
mermelada	30%
miel	20%
caramelo	4,5%
azúcar blanco	0%

La piel

Nuestro revestimiento cutáneo también es una puerta de entrada posible para el agua. Al igual que con las vías respiratorias, la absorción por la piel es escasa. De hecho, se trata de una protección para el organismo, ya que si la piel absorbiera generosamente el agua con la que entra en contacto, el cuerpo aumentaría peligrosamente de volumen cada vez que entrara en contacto con el agua.

La capacidad de la piel para absorber agua es aprovechada con fines terapéuticos. Se utiliza como medio complementario para rehidratar a las personas que han sido víctimas de una isnsolación; las que, tras una exposición al sol demasiado larga u a otra fuente de calor, han perdido importantes cantidades de agua corporal y sales a través del sudor. Estas personas no solamente deben rehidratarse de modo gradual con agua ligeramente salada, sino que también deben aplicarse tejidos previamente mojados en agua, para así rehidratarse a través de la piel y evitar una deshidratación añadida.

La piel y los pulmones no son vías de aportación importantes para cubrir nuestras necesidades de agua. La vía principal es el tubo digestivo, a través del cual se efectúan las aportaciones de agua en forma de bebida y agua ligada.

Además de las tres vías mencionadas, existe otra fuente de agua para el cuerpo: el agua metabólica.

El agua metabólica

Esta agua metabólica no procede del exterior del cuerpo, sino de su interior. La produce el cuerpo mismo, pero no a partir del agua de los alimentos (en ese caso se trataría de agua ligada), sino utilizando los constituyentes sólidos de aquéllos.

El agua metabólica se produce durante la transformación de las grasas y de los glúcidos en energía. Las diferentes transformaciones químicas experimentadas por estas sustancias conducen, por una parte, a la producción de energía utilizable (la que utilizan los músculos) y, por otra, a la formación de energías no utilizables: los desechos y residuos metabólicos (o toxinas) que deberán ser expulsados del organismo. Se trata del gas carbónico (CO_2), que será expirado por los pulmones y... del agua (H_2O). Generalmente se dice que el agua es eliminada por los pulmones (en forma de vapor) o por las vías urinarias. Sin embargo, no es expulsada directamente por los emuntorios, ya que está producida en las células. Por tanto, debe atravesar el cuerpo antes de alcanzar los emuntorios. Durante su camino, contribuye así a la hidratación de los tejidos corporales.

En el ser humano, la producción diaria de agua metabólica es de aproximadamente 300 g. Sin embargo, esta aportación nada desdeñable no es prioritaria para él. Algunas especies animales dependen de ella mucho más que nosotros. El agua metabólica constituye incluso su fuente principal de líquido. Entre estos animales, el caso más extremo es el del jerbo, un roedor del desierto, que parece poder prescindir totalmente de líquido. El agua requerida por su organismo le es suministrada principalmente por su agua metabólica y, en menor medida, por el agua ligada procedente de su alimentos, las semillas, que contienen aproximadamente un 10 % de agua.

Por supuesto, la escasez de las aportaciones se ve compensada por medidas que limitan al máximo las pérdidas de líquido. El jerbo suda menos que el resto de animales, orina también muy poco y sus heces son muy secas. Además, se pasa el día en galerías subterráneas, protegiéndose del sol y del calor, y sólo sale de noche.

Para un animal, la posibilidad de producir agua metabólica es uno de los diferentes factores que explican la resistencia frente al calor y a la falta de agua, como es el caso de los camellos. Su joroba no contiene agua, como a veces se piensa, sino grasas. Éstas forman una reserva de energía que, a medida que se utilice, será oxidada y producirá agua metabólica.

Aportación de líquidos (cantidades en litros)	
Bebidas	1,2 L
Agua de los alimentos	1 L
Agua metabólica	0,3 L
Total	**2,5 L**

La absorción de agua

En el ser humano y en la mayoría de animales, las aportaciones de agua se producen principalmente a través del tubo digestivo, como se ha dicho. Sin embargo, esta agua no está todavía realmente en el cuerpo: no ha alcanzado los tejidos, sino que aún se encuentra en el canal del tubo digestivo. Para alcanzar las profundidades de los tejidos, el agua debe primero abandonar el tubo digestivo. Lo hace principalmente gracias a un proceso llamado ósmosis, que se repite cada vez que el agua debe atravesar una membrana o pasar de un compartimento orgánico a otro. En vistas de la importancia de la ósmosis para el tema que tratamos, la vamos a describir en detalle.

La ósmosis

La ósmosis es un fenómeno que se produce cuando dos líquidos con diferentes densidades están separados por una membrana permeable. Un desplazamiento de agua (transferencia osmótica) se efectúa desde el medio menos concentrado —y el más pobre en sustancias sólidas en suspensión— hacia el más concentrado, hasta que la densidad de los dos líquidos queda igualada. Esta transferencia se produce porque el líquido más concentrado ejerce una presión más fuerte que el que lo está menos. Esta presión comprime el líquido menos concentrado y lo obliga a desplazarse. Como la membrana que lo separa del líquido más denso es permeable, se desplazará hacia este último y lo desconcentrará. El equilibrio entre los dos líquidos se produce entonces porque, al abandonar el medio menos denso, el agua lo concentra y, al alcanzar el medio más denso, lo desconcentra (*véase* esquema 4).

La transferencia de líquido de un lado de la membrana a otro es más importante cuando la presión osmótica es fuerte, es decir, cuando la diferencia de concentración de un líquido respecto al otro es elevada. Así, cuanto más concentrado es un medio, más atrae el agua que se encuentra al otro lado de la membrana. A la inversa, si hay un equilibrio de presión entre ambas partes de una membrana, no se produce ningún intercambio.

Algunas membranas tienen una permeabilidad llamada selectiva, lo cual significa que, además del agua, dejan pasar sustancias sólidas muy precisas, como minerales, glucosa, etc. La transferencia de las sustancias sólidas se produce generalmente en el sentido inverso al del agua, lo cual permite un equilibrio más rápido y fácil de ambos líquidos. En efecto, el medio más denso se desconcentra al recibir agua y al ceder sustancias sólidas.

Las membranas de las células son selectivas. Dejan entrar en la célula el potasio, pero no el sodio ni el cloro. Estos dos minerales que, asociados, producen el cloruro de sodio (o sal de cocina), se encuentran por tanto al exterior de las células.

¿Significa esto que el sodio no penetra nunca en la célula? ¡No! Junto al fenómeno pasivo que es la ósmosis, existe otro medio **activo** que permite a las células absorber sustancias que la permeabilidad normal de sus paredes impediría. Esta absorción se produce gracias a bombas; de entre ellas, la más conocida es la bomba de sodio. Estas bombas permiten a las células tomar, según sus necesidades, sustancias que les son útiles al otro lado de su membrana.

Los intercambios osmóticos que se producen en todas las membranas y mucosas del cuerpo permiten la absorción del agua por parte de los tejidos y los intercambios y desplazamientos constantes de líquidos desde un nivel del cuerpo a otro.

Intercambio entre el intestino y la sangre

Para llegar a los tejidos, el agua que se encuentra en el tubo digestivo debe primero atravesar sus paredes a fin de penetrar en la corriente sanguínea. Puesto que la absorción se produce por ósmosis, es muy débil en la boca. Los capilares sanguíneos situados bajo la lengua podrían permitir una absorción de agua, pero el tiempo durante el cual el agua está en contacto con ellos es demasiado corto para que se produzca.

En el estómago, la absorción también es muy escasa, porque la función principal de este órgano es la digestión, no la asimilación. El agua, por tanto, lo atraviesa rápidamente hasta llegar a los intestinos, cuya función principal es la asimilación. Cuando los intestinos ya contienen un volumen suficiente de líquido, el estómago retiene momentáneamente el agua que sobra y sólo la suelta cuando su tasa intestinal disminuye (función reguladora del paso del agua por el estómago).

La mucosa del intestino delgado está cubierta de capilares sanguíneos. El espesor de la membrana que separa el interior del intestino del de los capilares es extremadamente débil.

• Presión osmótica

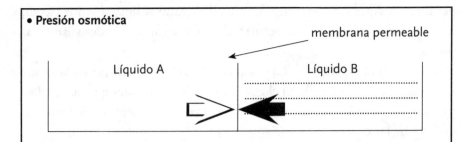

La concentración del líquido B es superior a la del líquido A. El líquido B ejerce, por tanto, una presión osmótica superior a la del líquido A.

• Transferencia de agua (y de sólidos)

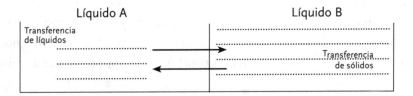

Para equilibrar la concentración de ambos líquidos, se produce una transferencia de agua desde el líquido A hacia el líquido B (según la permeabilidad de las membranas, también se produce una transferencia de sólidos, pero de B hacia A).

• Igualdad de las presiones osmóticas

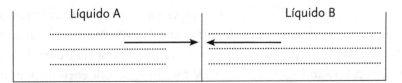

Las transferencias han equilibrado las concentraciones de ambos líquidos.
Las presiones osmóticas son iguales: los intercambios osmóticos se interrumpen.

Esquema 4: Los intercambios osmóticos.

Esta membrana se constituye únicamente de una capa de células, cuyo espesor no supera las 30 milésimas de milímetro. Los intercambios osmóticos se producen por tanto con facilidad, especialmente porque allí el bolo alimenticio y el agua de las bebidas se mantienen en contacto durante mucho tiempo con la mucosa intestinal.

Así, el agua es absorbida esencialmente en el intestino delgado, como es el caso de las sustancias nutritivas. En realidad, un 90 % del agua ligada a los alimentos o bebida pasa a la sangre a la altura del intestino delgado, más precisamente en su parte superior.

Cuando consumimos un líquido solo, es decir, cuando bebemos sin comer, el agua que recibe el intestino delgado es de una concentración menor que la de la sangre. En efecto, la sangre contiene diferentes sustancias que transporta (glucosa, minerales...) y sus propios constituyentes (glóbulos rojos, plaquetas...). Las sustancias sólidas contenidas en la sangre representan hasta un 10 % de su peso, frente al 1 % en el caso del agua. Por tanto, la presión osmótica es más fuerte del lado de la sangre, lo cual provoca una transferencia de agua del intestino hacia la sangre. Esta transferencia se produce muy rápidamente: basta con comprobar el poco tiempo necesario para que el consumo de una bebida calme la sed. Unos pocos minutos bastan para que el agua penetre en la sangre y para que nuestra sed quede saciada. Un tiempo casi tan corto es necesario para que un consumo excesivo de líquido penetre en la sangre, aumente demasiado su volumen y provoque una diuresis correctiva en los riñones.

La situación no cambia fundamentalmente cuando las bebidas son consumidas al mismo tiempo que una comida. La absorción de agua se lleva a cabo con la misma facilidad, pero más lentamente. La mezcla entre alimentos sólidos y líquidos produce un líquido cuya densidad es evidentemente más elevada que el agua. Sin embargo, esta densidad no es muy elevada, ya que es necesario que el bolo alimenticio sea lo suficientemente fluido para avanzar, fluyendo hacia la parte inferior del tubo digestivo. La densidad del bolo alimenticio se ve de hecho atenuada, por una parte, por las abundantes secreciones de jugos digestivos (hasta siete litros al día) y, por otra, por el agua contenida en los alimentos. La concentración del bolo alimenticio disminuye así por ser inferior a la de la sangre. Este proceso se lleva a cabo más fácilmente a medida que se produce la digestión y las sustancias nutritivas abandonan el medio intestinal (desconcentrando así el bolo alimenticio) para penetrar en la sangre, hecho que aumenta momentáneamente su densidad. La presión osmótica ejercida por la sangre se mantendrá así más elevada y el paso del agua del intestino hacia la sangre se realizará fácilmente. La capacidad del intestino delgado para absorber agua es casi ilimitada. En la práctica, podemos beber tanta agua como queramos, y siempre será asimilada. Nunca, salvo importante exceso o sensibilidad excesiva del intestino, se derramará fuera del cuerpo por los intestinos.

A pesar de las fuertes capacidades de absorción de líquido que posee el intestino delgado, el bolo alimenticio que lo abandona para bajar hasta el intestino grueso contiene todavía un litro de agua aproximadamente. El agua será absorbida por las mucosas del colon, pero sólo en parte. En efecto, la presencia de agua es indispensable para asegurar la eliminación de las heces. Esta eliminación se produce cuando la proporción de agua en las heces ha alcanzado un porcentaje preciso: con un porcentaje de agua ligeramente inferior, las heces se vuelven demasiado duras y provocan estreñimiento; con un porcentaje superior, se vuelven demasiado líquidas y provocan diarreas.

El paso del agua a partir del intestino hacia la sangre, y el que se producirá más tarde desde la sangre hacia el nivel superior, no se produce en las arterias y venas, sino en los capilares. Atendiendo la importancia de los vasos capilares en lo expuesto, vamos a describir brevemente sus características antes de seguir adelante.

Los capilares

Los capilares son vasos sanguíneos extremadamente finos. Se dice que son finos como cabellos (de ahí su nombre), pero, en realidad, lo son mucho más: su diámetro varía entre 5 y 30 micras (milésima de milímetro). Son tan pequeños que los glóbulos rojos que contienen no pueden circular de cara, sino únicamente uno detrás del otro, en fila india. De hecho, su progresión se interrumpe en cuanto los capilares se contraen.

Los capilares son extremadamente numerosos, ya que su papel consiste en irrigar las profundidades de los tejidos. Para hacerlo, se dividen y se ramifican –como la rama de un árbol–, a fin de irrigar todas las partes del cuerpo. Si las arterias y las venas son comparables a las grandes redes de autopistas que atraviesan un país, los capilares son los centenares de miles de pequeñas carreteras secundarias y privadas que llegan hasta cada casa (célula).

Las paredes de los capilares son permeables: dejan pasar el agua y las sustancias nutritivas, así como las toxinas procedentes de las células. Aunque los capilares sean de dimensión reducida, si pusiéramos en fila la red capilar, alcanzaría una longitud de 100.000 km (dos veces y media la vuelta a la Tierra) y su superficie de intercambio sería de 6.300 km^2 (lo cual equivale a una superficie de 6 km de largo por 1,05 m de ancho). Esta gigantesca superficie es, por tanto, el lugar de paso obligado para todo lo que proceda del exterior (del tubo digestivo, de los pulmones...) para llegar al interior de los tejidos y, a la inversa, todo lo que procede de los tejidos (las toxinas), para ser conducido hasta el exterior.

La cantidad de sangre que contiene el cuerpo no es suficiente para llenar las arterias y las venas y, simultáneamente, el conjunto de la red capilar. Por eso, la sangre no llena nunca la totalidad de la red capilar. Los capilares de las regiones en reposo –un músculo por ejemplo– se contraen para soltar la sangre que contienen y dejarla a disposición de los capilares de los órganos o partes en activo. Esto explica, por ejemplo, la somnolencia que aparece después de una comida: los capilares del tubo digestivo se llenan de sangre, en detrimento de los del cerebro.

Las facultades vasoconductoras y vasodilatadoras de los capilares les permiten también hacer frente a las variaciones de aportaciones de líquido. Los capilares se dilatan cuando penetra mucha agua en la sangre y aumentan así su volumen; en cambio, se contraen en la situación inversa.

Intercambio entre la sangre y el suero extracelular

Más del 95 % del agua que ha penetrado en el cuerpo a partir del tubo digestivo se vuelve a encontrar en la sangre. Pero el volumen de la sangre no aumenta indefinidamente a medida que bebemos. Se produce un aumento, aunque limitado. Si no fuera el caso, los vasos sanguíneos se destensarían y se romperían bajo la presión del líquido. Pero eso no ocurre, porque rápidamente (y en paralelo a la sustracción de líquido de la sangre llevada a cabo por los riñones, de la que hablaremos más tarde), los intercambios osmóticos reducen el volumen sanguíneo.

En efecto, el agua que llega a la sangre procedente del tubo digestivo diluye la sangre y reduce la presión osmótica que ejerce sobre las paredes de los vasos sanguíneos (la presión osmótica de un líquido no es fruto de su volumen, sino de su concentración). Pero, al otro lado de la pared de los vasos se encuentra el suero extracelular, cuya concentración en sustancias sólidas es muy parecida a la de la sangre. Esta similitud es deseable y permite al cuerpo, gracias a muy leves modificaciones –de la concentración de la sangre o del suero extracelular– dirigir las transferencias osmóticas en un sentido u otro según sus necesidades. Estas transferencias se producirán desde la sangre hacia el suero extracelular durante la asimilación, y desde el suero extracelular hacia la sangre, para la eliminación de las toxinas.

Así, cuando la sangre se desconcentra debido a la aportación de líquido, el suero extracelular adquiere una densidad más elevada, lo cual provoca la transferencia osmótica de agua a partir de la sangre hacia el suero extracelular. Como el proceso se lleva a cabo sin interrupción, el agua excedente contenida en la sangre sale a medida que va llegando.

El agua que penetra en el compartimento intersticial servirá para renovar el suero extracelular adonde las células envían sus restos. Permite también al medio intersticial ceder agua a las células, sin correr el riesgo de secarse peligrosamente. En efecto, las células necesitan agua, y su fuente de suministro es la que cede el medio intersticial. Las células tan sólo son irrigadas por la sangre de forma indirecta (*véase* esquema 3, página 13).

Normalmente, gracias a mecanismos de vigilancia, el volumen del suero extracelular se mantiene estable. Sin embargo, puede ocurrir que cambie. Una carencia de líquido a ese nivel produce una deshidratación de los tejidos y, por eso mismo, numerosos trastornos de los que hablaremos más adelante. Un exceso de líquido a escala intersticial puede provocar edemas que no han sido causados por el aumento del volumen de las células, sino por el de algunas porciones del compartimento intersticial. La hinchazón difusa se produce en las piernas (la mayoría de veces los tobillos), las manos (impidiendo que nos podamos quitar los anillos) o los párpados. Este trastorno se produce la mayoría de veces por una presencia demasiado importante de sal. Esta presencia es normal, ya que la sal tiene la propiedad de retener el agua: 11 g de agua por un gramo de sal; sólo su exceso causa perjuicio.

Intercambio entre el suero extracelular y las células

Las células son el destino último del agua. Son las células las que realizan las múltiples transformaciones bioquímicas necesarias para el buen funcionamiento y la supervivencia del organismo en su globalidad. Las células también son el destino principal del agua, ya que un 70 % del agua contenida en el cuerpo se encuentra en las células.

El agua contenida en el suero extracelular penetra en el interior de las células o bien por ósmosis, o bien gracias a las pequeñas bombas especiales diseminadas sobre la superficie exterior de la célula. La existencia de estas bombas permite, por tanto, un mejor control y una gestión más afinada de las aportaciones de líquido que si sólo se produjeran intercambios osmóticos.

En el interior de la célula, el agua sirve para constituir el suero intracelular que debe rellenar la célula. También sirve para renovar este líquido, para transportar sustancias de una parte a otra de las células y participar de muchas otras formas en la vida celular.

Existe una proporción de agua ideal en las células que les permite llevar a cabo su actividad. Cualquier variación cuantitativa de esta proporción ideal es, por tanto, fuente de trastornos y enfermedades. De este modo, el cuerpo reacciona inmediatamente frente a cualquier modificación de su volumen hídrico. Una carencia de líquido provoca una demanda de agua por parte de las células, un agua que se obtendrá del suero extracelular. A la inversa, toda presencia excesiva de agua será rápidamente corregida por su rechazo fuera de la célula en el suero extracelular.

Se producen unos intercambios incesantes y bidireccionales a través de la membrana celular entre los niveles intra y extracelulares. Estos intercambios son intensos y demuestran que se produce una renovación rápida y constante de los líquidos que constituyen el cuerpo.

El camino de vuelta

Debido a su paso por los engranajes del motor celular, el agua «se gasta» y debe abandonar la célula para ser rechazada fuera del organismo. Este agua gastada está desvitalizada, pero también está cargada de toxinas producidas por las células.

Para abandonar el organismo, el agua volverá a ascender a través del suero extracelular, después se introducirá en el compartimento sanguíneo, para ser conducida entonces por la sangre hasta los emuntorios encargados de la eliminación del agua y los residuos. Así se acaba el ciclo del agua en el organismo.

Teniendo en cuenta la gran sensibilidad de las células frente a las cualidades y defectos de su entorno, es necesario hacer una renovación constante de los líquidos orgánicos. Y si, como se dice, el cuerpo ha sustituido toda las materias sólidas de las que está constituido cada siete años, la renovación de los líquidos, en cambio, se lleva a cabo en dos o tres semanas.

La eliminación del agua

La eliminación del agua fuera del organismo se lleva a cabo por cuatro vías diferentes.

Los riñones

Los riñones son el emuntorio principal de la eliminación del agua. Cada día, eliminamos entre 1 y 1,5 litros de agua en forma de orina. Al atravesar los glomérulos renales (pequeños filtros que constituyen los riñones), una parte del agua contenida en la sangre queda extraída, al igual que diversos residuos sólidos (minerales gastados, ácido úrico, urea, etc.). Esta agua y estas sustancias sólidas juntas forman la orina, compuesta por un 95 % de agua y un 5 % de sólidos.

El filtrado de la sangre y la extracción de una parte de su agua se llevan a cabo a la altura de los glomérulos, de los que cada riñón tiene un millón. El filtrado se realiza principalmente gracias a la diferencia de presión que existe a cada lado de la membrana glomerular. Como la presión es más fuerte de su lado, la sangre se deshace de parte de sus constituyentes, de la misma manera que la presión ejercida sobre una bolsa de tela llena de puré de fruta haría salir su gelatina a través de las mallas. La importancia de la presión en el proceso de filtrado explica por qué la producción de orina y la necesidad de orinar aumentan cuando la presión sanguínea se eleva (por los nervios, después de beber café o cuando nadamos en agua muy fría) y también por qué es más débil entre las personas hipotensas.

Entre las diferentes especies animales, la cantidad de agua eliminada por los riñones depende mucho de la manera como se metabolizan las proteínas. En efecto, las proteínas pueden generar dos tipos de residuos: la urea y el ácido úrico.

La urea necesita un gran volumen de agua para diluirse y también para ser transportada hacia el exterior del cuerpo, por una orina lo suficientemente desconcentrada como para no irritar ni agredir las mucosas del sistema urinario. Es el caso en el hombre, cuando el volumen de orina se aproxima a 1,5 litros de agua. Como el metabolismo de las proteínas conduce principalmente a la producción de urea, el volumen de sus orinas es relativamente importante.

En cambio, la orina de algunos animales –como los pájaros y los reptiles– es escasa y muy espesa. En el caso de estos organismos, el metabolismo de las proteínas conduce esencialmente a la formación de ácido úrico, una sustancia no soluble en el agua, que, por esa razón, conserva una consistencia sólida. Esto explica que los pájaros, por ejemplo, no orinen líquido como la mayoría de animales, sino que excretan una sustancia espesa y viscosa.

Además de su acción depuradora sobre la sangre, los riñones –entre otros órganos– tienen como misión controlar la proporción de agua en el organismo. Cuando las aportaciones de agua son insuficientes y los tejidos adolecen de líquido, los riñones excretan los residuos que hay que eliminar en un volumen de orina menos importante. A la inversa, si las aportaciones de agua son demasiado elevadas, los riñones eliminan más líquido que normalmente.

La piel

El agua abandona el cuerpo a través de la piel en forma de sudor. El sudor se compone en un 99 % de agua y en un 1 % de sustancias sólidas, como minerales usados (sodio, fósforo) o restos orgánicos (urea, ácido úrico). Así pues, el sudor elimina los mismos restos que los riñones, pero de forma menos concentrada (la orina contiene un 5 % de restos sólidos, frente al 1 % en el caso del sudor).

El sudor es producido y eliminado por las glándulas sudoríparas: tenemos entre 70 y 120 por cada cm^2 de piel. El filtrado operado por las glándulas sudoríparas se lleva a cabo según el mismo proceso que el que se produce en los glomérulos renales: una diferencia de presión en una parte y otra del filtro hace pasar una parte del agua y de los residuos contenidos en la sangre al interior de las glándulas sudoríparas. El sudor así formado se evacua más tarde, a través de conductos muy finos, hacia la superficie de la piel.

El sudor permite la eliminación del agua usada y los residuos, pero asimismo permite la regulación de la temperatura del cuerpo cuando se eleva demasiado. Al evaporarse al contacto con el aire, el agua que se encuentra sobre la piel saca calorías (del calor) del organismo y de este modo lo enfría. Este sistema de regulación se utiliza cada vez que el calor ambiental, los esfuerzos físicos o la fiebre elevan la temperatura del cuerpo. El sudor y la pérdida de agua resultante son más importantes a medida que la temperatura del cuerpo aumenta.

El sudor abandona el organismo bajo forma de perspiración o de transpiración. La perspiración es una excreción que se produce de modo permanente. Es invisible a simple vista: las gotas muy finas de sudor que llegan a la superficie de la piel se evaporan inmediatamente. En cambio, la transpiración se produce de forma episódica. Se caracteriza por una abundante y visible excreción de sudor.

Cada minuto, las glándulas sudoríparas del cuerpo producen aproximadamente 0,3 g de sudor, es decir, 540 g en 24 horas. Esta cifra corresponde al sudor producido en estado de reposo y que abandona el cuerpo bajo forma de perspiración. Durante un esfuerzo físico, esta producción puede aumentar hasta un litro o más por hora. Si hace mucho calor, la toma de líquido en la sangre para formar el sudor es todavía más elevada. Las medidas tomadas sobre personas que están en una sauna revelan una eliminación de 40 g de sudor por minuto, es decir, 1.200 g en media hora. En caso de fuertes fiebres, algunos enfermos eliminan entre 5 y 6 litros de sudor al día. Sin embargo, este fenómeno sólo es posible porque el agua perdida es sustituida constantemente por el agua ingerida que abandona el medio intestinal para llegar hasta la sangre y, desde ahí, hasta las glándulas sudoríparas. Si las bebidas son insuficientes para compensar las pérdidas, el líquido ya no se obtendrá del intestino, sino del suero extracelular. Si no fuera suficiente, se sacará el agua de un nivel inferior: las células. Cuando estas tomas son importantes o se repiten, aparece un estado de deshidratación. Entonces, la producción de sudor disminuirá y su concentración aumentará. Será necesario beber agua imperativamente para restablecer el equilibrio hídrico del organismo.

Algunos animales, como los perros por ejemplo, no tienen una piel que les permita transpirar lo suficiente como para reducir la temperatura de su cuerpo después de un importante esfuerzo físico. En su caso, el proceso de evaporación se lleva a cabo en los pulmones. Al sacar la lengua y jadear, los perros recrean en las vías respiratorias un proceso de evaporación similar al que se produce en el hombre en la piel.

Los pulmones

Cuando expiramos, cierta cantidad de líquido sale del cuerpo en forma de vapor. Esta eliminación pasiva de agua supone entre 300 y 500 g al día. Es más elevada en caso de actividad física intensa (entre 2 y 5 ml por minuto, frente a 0,25 ml en estado de reposo), y también en caso de tiempo seco y cálido, porque se debe conservar cierta humedad en los pulmones para que las mucosas respiratorias no se sequen. Cuando esto ocurre, las mucosas se debilitan y se endurecen, pudiendo así provocar trastornos como la tos.

Los intestinos

Los intestinos son el emuntorio que elimina la cantidad de agua más reducida. Aunque los 150 g de heces que eliminamos cada día tengan una apariencia sólida, su contenido líquido alcanza los 120 g. Este líquido es necesario para facilitar una buena evacuación. Durante algunos trastornos intestinales, la presencia de agua y su eliminación se elevan de forma anormal (varios litros). Las heces se vuelven líquidas y se habla entonces de diarrea.

La excesiva presencia de agua en las heces se explica por dos motivos:

- En las diarreas no infecciosas, el estado nervioso o la presencia de alimentos irritantes para las mucosas intestinales (alimentos mal digeridos, en mal estado o en fermentación) provoca una hipersecreción de estas mucosas. Se trata de una secreción de defensa que trata de diluir las heces para que sean menos agresivas. Cuando el organismo utiliza regularmente este proceso, hace perder mucha agua al cuerpo y tiende a provocar una deshidratación.
- En las diarreas infecciosas, los virus o las bacterias destruyen las células de las paredes intestinales, impidiendo que estas células absorban el líquido aportado en el intestino por las bebidas, los alimentos y los jugos digestivos. Esta agua excesiva diluye en gran medida las heces y les da su consistencia líquida. Como el agua ya no llega a la sangre ni a las células, el riesgo de deshidratación es importante, puesto que

el tubo digestivo es la puerta de entrada principal del cuerpo para las aportaciones de agua.

Con la eliminación de los líquidos, llegamos al final del ciclo del agua en el cuerpo. El paso del agua a través de todos los niveles (digestivo, sanguíneo, extracelular, intracelular) para llegar hasta la célula, y su camino inverso para abandonar el cuerpo, no son más que un aspecto del ciclo del agua. En el interior de este gran ciclo, el agua recorre otros ciclos más pequeños. Vamos a mencionar dos –uno en relación con el tubo digestivo, otro en relación con los riñones– para mostrar hasta qué punto el cuerpo, que funciona en parte en circuito cerrado, depende de una circulación constante de sus líquidos para mantenerse con vida.

Pérdidas de líquidos (cantidades medias en litros)	
Orina	1,5 L
Sudor	0,5 L
Por los pulmones	0,4 L
Por los intestinos	0,1 L
Total	**2,5 L**

El ciclo del agua en el tubo digestivo

Para producir sus secreciones, las glándulas digestivas toman el agua que necesitan de la sangre. Esta toma es de un volumen nada desdeñable, ya que cada día nuestro tubo digestivo segrega aproximadamente 7 litros de jugos digestivos: 1 litro de saliva, 1,5 litros de jugo gástrico, 0,75 litros de bilis, 0,75 litros de jugos pancreáticos y 3 litros de jugos intestinales.

Aunque estas secreciones se hagan a expensas del agua contenida en la sangre, el volumen sanguíneo no disminuye. El agua con que la sangre se reconstituye es el líquido suministrado por las bebidas y la alimentación, pero también por el propio tubo digestivo. En efecto, los jugos digestivos utilizados para degradar y fluidificar los alimentos no son eliminados con las heces al final de las digestiones. En gran parte, son reabsorbidos por las mucosas del intestino delgado y el colon.

Las heces sólo se llevan 120 g de líquido con ellas. Así, de los 7 litros de agua existentes para producir jugos digestivos, 6,88 litros (un 97% del volumen de las secreciones digestivas) serán reabsorbidos por las mucosas intestinales y conducidos a la sangre para ser reutilizados en otra parte del organismo. En realidad, la reabsorción realizada por el tubo digestivo es más elevada. Se lleva a cabo no solamente sobre los 6,88 litros de jugos gástricos aportados cada día, sino también sobre los 1,2 litros de agua de bebida y el litro de agua ligada.

Balance hídrico en el tubo digestivo (cantidades medias en litros)			
Aportaciones		**Salidas**	
Agua ligada	1 L	Agua en las heces	0,1 L
Bebidas	1,2 L		
Saliva	1 L		
Jugos gástricos	1,5 L		
Jugos pancreáticos	0,75 L		
Bilis	0,75 L		
Jugos intestinales	3 L	**Agua reabsorbida**	9,1 L
Total	**9,2 L**	**Total**	**9,2 L**

El ciclo del agua en los riñones

La filtración de las toxinas por los riñones provoca la toma de 120 ml de agua por minuto. En veinticuatro horas, representa 180 litros de agua sacados de la sangre. Sin embargo, no eliminamos 180 litros de orina cada día, sino únicamente entre 1 y 2 litros. ¿Qué ocurre con los 178 litros restantes? Son reabsorbidos en una parte especial de los riñones (los tubos contorneados), desde donde son reconducidos a la sangre. Gracias a este dispositivo, el organismo evita perder una cantidad de líquido ciertamente necesaria para depurar la sangre, pero demasiado importante como para ser compensada por aportaciones externas.

Vemos aquí nuevamente las maravillosas facultades de adaptación del cuerpo. Para sobrevivir con aportaciones limitadas de líquido, rentabiliza al máximo el empleo del agua de que dispone, desplazándola sin cesar de una parte del cuerpo a otra para que participe en multitud de tareas.

CAPÍTULO 3

◆

EL DAÑO QUE PUEDE
HACERNOS LA DESHIDRATACIÓN

La falta de líquidos es algo que tiende a establecerse en nuestro organismo.

Cada día, rechazamos 2,5 litros de agua en forma de orina, de sudor, de vapor de agua a través de los pulmones y de líquidos en las heces. Cuando se efectúan aportaciones equivalentes, el balance hídrico está equilibrado. En cambio, si las aportaciones son insuficientes, el balance es negativo y se produce la deshidratación.

La deshidratación del organismo es un proceso que puede llevarse a cabo muy rápidamente. Los seres humanos pueden sobrevivir a periodos bastante largos de privación de alimentación (hasta seis semanas o más, como lo atestiguan los ayunos terapéuticos), pero no ocurre lo mismo con una privación de líquido. Tres días sin bebida ni agua alimentaria (el agua ligada), ya pueden provocar graves trastornos orgánicos. Dos o tres días más conducen a la muerte.

Puesto que generalmente tiene agua a su disposición, el hombre no piensa en lo breve que es el lapso de tiempo durante el que puede estar sin ésta y, por tanto, lo corto que es el camino hacia la deshidratación y la muerte.

Se ha calculado que los trastornos graves relacionados con la deshidratación empiezan cuando la pérdida de peso provocada por la falta de agua alcanza un 10 % del peso del cuerpo. En cuanto a la muerte, aparece cuando esta pérdida se eleva hasta un 20 %. Para una persona con un peso de 75 kg, esto representa una pérdida de 7,5 y 15 kg, respectivamente. Como el ser humano elimina aproximadamente 2,5 kg de líquido al día, alcanza estos umbrales críticos al cabo de entre tres y seis días.

Sin embargo, hay que tomar en consideración cierto margen de error. En efecto, cuando el organismo ya no recibe agua, deja de eliminar 2,5 litros de líquidos al día y reduce el volumen evacuado. Los trastornos graves y la muerte aparecerían, por tanto, entre dos y tres días más tarde. Los casos de supervivencia sin aportación de agua más largos que conocemos no superan los diez días.

Balance hídrico diario (cantidades medias en litros)			
Absorción de agua		**Eliminación de agua**	
Agua de las bebidas	1,2 L	Orina	1,5 L
Agua de los alimentos	1 L	Sudor	0,5 L
Agua metabólica	0,3 L	Por los pulmones	0,4 L
		Por los intestinos	0,1 L
Total	**2,5 L**	**Total**	**2,5 L**

Estos porcentajes también son válidos para la mayor parte de los animales. Existen dos excepciones: los camellos, que soportan una pérdida de agua equivalente al 30 % de su peso (lo cual explica su resistencia en un medio tan hostil como el desierto), y los camaleones, cuya pérdida de agua puede elevarse hasta un 46 %.

¿Qué ocurre cuando el cuerpo queda privado de líquidos de forma prolongada?

En primer lugar, la sangre tenderá a perder volumen. En efecto, cede constantemente una parte de su agua de constitución a los riñones, a las glándulas sudoríparas, así como a los demás emuntorios que deben imperativamente liberar el organismo de toxinas. Sin embargo, el volumen sanguíneo no puede disminuir mucho sin provocar trastornos de la conciencia así como problemas de abastecimiento en oxígeno y nutrientes para las células.

Así pues, el cuerpo debe reaccionar. Al no recibir ya más agua del exterior, la encontrará en el líquido orgánico que le resulta más próximo: el suero extracelular. Por consiguiente, el nivel del suero disminuirá. Por desgracia, las células ya no estarán rodeadas de suficiente líquido y su funcionamiento quedará alterado: funcionará mal, de forma intermitente e incompleta.

Además, la situación sólo podrá ir empeorando porque la sangre sigue suministrando constantemente líquido a los emuntorios, obligando así al compartimento intersticial a ceder parte de su agua. La disminución del líquido intersticial no puede producirse mucho tiempo sin que aparezcan nuevas perturbaciones. Al volverse más espeso, el líquido intersticial ya no puede garantizar plenamente los intercambios entre la sangre y las células.

Para poner remedio a esta situación, el cuerpo deberá encontrar nuevamente una solución de emergencia. Lo hará buscando líquido en el nivel intracelular. Una parte del agua celular constituye una reserva, es decir, un agua que las células utilizan, pero de la que pueden prescindir si es necesario. En cambio, el resto de su agua resulta indispensable: las células no pueden privarse de ésta sin obstaculizar seriamente su funcionamiento. Pero, si el cuerpo sigue sin recibir agua del exterior, la buscará en esta parte profunda. El agua contenida en las células disminuirá entonces inevitablemente, porque el cuerpo no dispone de ningún nivel suplementario en el que encontrar agua.

Una privación de líquidos obliga, por tanto, al cuerpo a buscar en niveles cada vez más profundos. Una vez que el último ha sido alcanzado, las tomas no se interrumpen, sino que siguen produciéndose, repartiéndose entre los tres niveles. De hecho, se llevan a cabo proporcionalmente a la riqueza en agua de cada uno de ellos: los niveles más ricos en agua ceden más que los otros. El nivel más afectado por la falta de agua será, por ello, el nivel celular. En efecto, este nivel contiene el 70 % del agua del cuerpo, frente a un 22,5 % para el nivel extracelular y un 7,5 % para el nivel sanguíneo.

La deshidratación general del organismo provocará dos grandes perturbaciones metabólicas que estarán en el origen de todos los trastornos de deshidratación de los que hablaremos más adelante. Estas dos grandes perturbaciones son la disminución enzimática y la autointoxicación.

La disminución enzimática

El papel de las enzimas consiste en realizar la multitud de transformaciones bioquímicas necesarias para el funcionamiento orgánico. Para su actividad necesitan, entre otras cosas, un entorno rico en agua para disponer de un vasto espacio donde trabajar. Cuando el entorno en el que actúan las enzimas está muy lleno de otras enzimas, así como de todas las sustancias sobre las que actúan o que resultan de su actividad, les cuesta llevar a cabo correctamente su trabajo. Por tanto, trabajan peor en la medida en que los líquidos orgánicos son espesos, concentrados, es decir, cuanto más elevada es su viscosidad. No obstante, una viscosidad elevada es el resultado inevitable de la deshidratación.

Cuando el volumen de la sangre y de los sueros celulares disminuye, las sustancias que se encuentran en ella normalmente en suspensión sufren una mayor estrechez. Los líquidos orgánicos adquieren una concentración más elevada, lo cual coloca a las enzimas en un entorno poco beneficioso para sus actividades, que se deteriorará cada vez más a medida que la deshidratación se acentúe.

En un primer tiempo, las enzimas siguen actuando, pero a un ritmo mas lento. Más tarde, este ritmo disminuirá todavía más y las transformaciones bioquímicas se harán cada vez peor, es decir, de manera incompleta e intermitente. Finalmente, se interrumpirán por completo debido a la viscosidad demasiado elevada del entorno. La muerte se producirá entonces de modo inevitable.

La disminución enzimática acaba por paralizar toda la vida orgánica, ya que la producción de energía, hormonas, sustancias reparadoras, etc., necesarias para el buen funcionamiento del organismo, se reduce progresivamente.

La influencia de la deshidratación sobre las capacidades físicas ha sido calculada con mucha precisión en el ámbito de la medicina deportiva. Las cifras aportadas por estos estudios demuestran claramente que la deshidratación influye muy rápidamente sobre el funcionamiento orgánico. Basta con una pérdida de líquido equivalente al 1 % del peso del cuerpo para que sus capacidades de trabajo disminuyan en un 10 %. Con un 2 % de pérdida, la eficacia disminuye en un 20 %. Este debilitamiento sigue con el mismo ritmo hasta un 10 % aproximadamente, nivel en el que la persona deshidratada pierde conciencia y toda eficacia motora y física. Más allá, las perturbaciones orgánicas se acentúan y conducen a la muerte.

Para una persona con un peso de 70 kg, un 1 % del peso corporal sólo representa 0,7 kg, es decir, 0,7 litros de agua: una cantidad que se pierde fácilmente a través del sudor en una hora de ejercicio físico con una temperatura ambiente de 18 °C. Con una temperatura de 28 °C, la pérdida hídrica se aproximará a 3 litros/hora, es decir, más de un 4 % de pérdida de peso corporal y un 40 % de pérdida de capacidad física.

La autointoxicación

Cada día, las células producen desechos y residuos metabólicos. El soporte esencial de los desechos que hay que evacuar es el agua: en efecto, el sudor se compone de agua en un 99 %, la orina en un 95 %, el aire expirado y las heces en un 80 % aproximadamente.

Sin embargo, las eliminaciones no se detienen cuando el cuerpo no dispone de los líquidos necesarios para llevar a cabo correctamente sus funciones. Siguen haciéndolo, pero con una cantidad de agua reducida. Las orinas se vuelven más escasas y espesas, el sudor más concentrado y las heces más secas y duras. En estas condiciones, la eliminación de las toxinas se hace por tanto más difícil. Los restos empiezan a acumularse en los emuntorios, a depositarse sobre las paredes de los vasos y a congestionar los órganos. La tasa de toxinas en la sangre y los sueros celulares aumenta. Todos estos factores contribuyen a la autointoxicación del organismo, considerada en medicina natural como el punto de partida de todas las enfermedades (consúltese a este respecto *Manuel de détoxication*, del mismo autor; *véase* bibliografía).

Sin embargo, la situación aún puede empeorar. Cuando el cuerpo queda privado de aportaciones de líquido durante un tiempo prolongado, llega un día en el que las toxinas (que el cuerpo sigue produciendo) ya no disponen de un soporte líquido suficiente para ser eliminadas. Entonces se concentran **dentro** del organismo. A partir de entonces, el cuerpo se ahoga en sus propios desechos: la actividad celular se interrumpe y se produce la muerte.

La disminución enzimática y la autointoxicación, juntas, producen todos los trastornos característicos de la deshidratación.

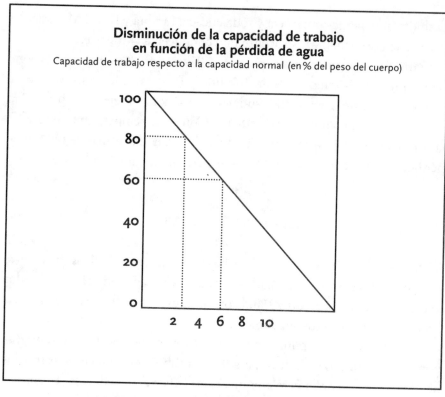

Esquema 5: Deshidratación o pérdida de líquido.
Fuente: L. Hermansen, citado en Alain Garnier, *Alimentation et sport* (Maloine, 1992).

Deshidratación aguda y crónica

Cuando hablamos de deshidratación, la mayoría de la gente no se siente aludida. Sólo piensan en la deshidratación rápida e intensa que sufriría en un día o dos los viajeros perdidos en el desierto. Sin embargo, existe otro tipo de deshidratación, que podríamos llamar **crónica** porque no tiene el carácter brusco e intenso que tiene la aguda. *La deshidratación está muy extendida hoy en día y afecta a todas las personas que no beben lo suficiente.*

Los trastornos resultantes no son tan graves como en el caso de deshidratación aguda, pero no por ello hay que desdeñarlos. La falta de líquido se sitúa aquí siempre por debajo del 10% de pérdida de peso corporal, mencionada como causa de **graves** trastornos orgánicos, que podrían poner en peligro la supervivencia del organismo.

En esta situación, la deshidratación no es lo suficientemente importante como para provocar la muerte o enfermedades graves, pero sí lo bastante para provocar una multitud de trastornos funcionales y perjudiciales más o menos molestos o dolorosos. Los trastornos provocados por la deshidratación crónica son numerosos y variados, porque la falta de agua conduce a una degradación general del terreno. Cualquier órgano puede, por tanto, ser afectado. Evidentemente son los órganos más débiles los que cederán en primer lugar y sobre los cuales los trastornos se manifestarán.

A continuación, vamos a citar algunos ejemplos de los trastornos que pueden resultar de la deshidratación crónica de los tejidos. Sin embargo, cabe señalar que una enfermedad determinada puede ser provocada por causas diversas. Por tanto, las que vamos a describir aquí pueden también tener otras causas, además de la deshidratación. Sin embargo, mostraremos en cada ocasión en qué medida la deshidratación también es una posible causa, y cómo ha conducido a los trastornos considerados.

Trastornos provocados por una deshidratación crónica

Cansancio, falta de energía

La deshidratación de los tejidos lentifica la actividad enzimática y, por tanto, también las enzimas activas para la producción de energía. Esta producción puede ser tan baja en los casos de deshidratación aguda que la persona afectada ya no puede mantenerse en pie. Se queda tumbada, sin moverse, en un estado de somnolencia o de inconsciencia.

Sin llegar a este extremo, la deshidratación crónica no deja por ello de provocar una sensación de cansancio y de hastío crónicos. Este fenómeno tiene una repercusión en el ámbito psíquico, reduciendo la disposición a trabajar y a disfrutar de la vida.

Si una persona en tal situación bebe de nuevo una cantidad de agua suficiente (la cuestión de las cantidades será abordada en el capítulo 6), recuperará su energía. En efecto, las aportaciones generosas de agua reaniman la actividad enzimática, favoreciendo el retorno a un nivel energético más elevado. De hecho, la recuperación de fuerzas y del estado anímico es uno de los efectos citados por la mayoría de personas que aumentan su consumo de agua hasta volver a los niveles normales.

Estreñimiento

Cuando el bolo alimenticio penetra en el colon, contiene todavía demasiado líquido para que las heces puedan formarse correctamente. El excedente de agua queda absorbido por las paredes del colon para de ese modo reducir esta cantidad. Esta toma se lleva a cabo hasta que las heces vuelven a su consistencia habitual, la cual permite una fácil evacuación.

Sin embargo, en la deshidratación crónica, la toma de líquido puede acabar siendo excesiva. Al no recibir bastante líquido del exterior, el organismo intentará obtenerlo por todos los medios posibles. Uno de los medios de los que dispone consiste en obtener líquido de una parte del líquido para ponerlo a disposición de otra parte. En nuestro caso, el cuerpo sacará de las heces más agua de la que saca normalmente. Las heces se volverán más secas, duras y difíciles de eliminar.

El estreñimiento debido a la deshidratación crónica sólo se corrige mediante la supresión de su causa, es decir, aumentando el volumen de agua ingerida a lo largo del día. El cuerpo dejará entonces de obtener tanta agua de las heces. En ese momento, las heces recuperarán la humedad deseable para ser eliminadas normalmente.

Trastornos digestivos

La falta de agua puede provocar diferentes trastornos digestivos: malas digestiones, pesadez, hinchazón, dolores, náuseas, indigestiones, pérdidas de apetito. En efecto, el cuerpo produce 7 litros de jugos digestivos cada día. En caso de deshidratación crónica, las secreciones son menos importantes y no permiten que el proceso digestivo se lleve a cabo correctamente.

Sin embargo, las aportaciones de agua no deben efectuarse durante las comidas, sino a lo largo de todo el día, especialmente 30 minutos antes de las comidas (por ejemplo, 3 dl). Así nos aseguramos de que la cantidad de agua disponible para la producción de los jugos digestivos sea suficiente.

Hipertensión e hipotensión

El volumen de sangre disponible dentro del organismo no es suficiente para llenar completamente el conjunto de las arterias, las venas y los capilares. Las regiones del cuerpo en las que las necesidades de sangre son momentáneamente poco importantes ceden así parte de ella a las regiones donde las necesidades son más elevadas.

Por ejemplo, cuando comemos, es nuestro tubo digestivo el que necesita una buena irrigación de sangre y no los músculos de las piernas, porque están en reposo. Los vasos de las piernas se estrechan y envían así la sangre hacia los vasos del tubo digestivo. Entonces, estos vasos se dilatan para recibir la sangre suplementaria que les hace falta. Las facultades vasoconductoras o vasodilatadoras de los vasos permiten de este modo al organismo realizar ajustes muy importantes para su buen funcionamiento.

Sin embargo, estas facultades pueden a veces ser exigidas de forma anormal y provocar diversos trastornos. Ocurre, por ejemplo, cuando el volumen de la sangre es demasiado reducido debido a una deshidratación crónica. En tal caso, las facultades vasoconductoras serán puestas a prueba. Los vasos se contraerán fuertemente para asegurarse de que el volumen de sangre disponible –ya limitado en tiempo normal, pero todavía más debido a la deshidratación– llene correctamente el conjunto de los vasos, sin dejar espacios libres donde podrían formarse bolsas de gas.

Desgraciadamente, esta vasoconstricción defensiva se vuelve permanente cuando el organismo sufre un déficit crónico de líquido. El resultado es que se produce un estado de hipertensión también crónico. El aumento de la tensión se acentúa todavía más por el hecho de que la deshidratación provoca un aumento de la viscosidad sanguínea. El cuerpo se verá entonces obligado a elevar la presión con la que la sangre será empujada en los vasos, para compensar la disminución de la velocidad en la circulación debido al espesamiento de la sangre.

Si bien la deshidratación puede, en algunos casos, ser la causa de una hipertensión, también puede favorecer lo contrario: la hipotensión. La hipertensión es propia de personas cuyos vasos son tónicos y se contraen con facilidad, y la hipotensión afecta a personas con pocas capacidades vasoconductoras. Su tensión sanguínea es más baja que la media, porque su sangre circula en vasos poco estrechos.

Cuando una persona hipotensa se deshidrata, su volumen sanguíneo disminuye y sus vasos no consiguen reducir suficientemente su diámetro para compensar la reducción de volumen de la sangre. La sangre circula entonces en vasos poco estrechos y mal llenados, y la tensión decae.

Lógicamente, aumentar el consumo de agua es una de las claves del tratamiento de estos dos problemas de salud:

- Para los *hipertensos*, beber más agua permite al volumen sanguíneo volver a su nivel normal y a los vasos abandonar su estado de vasoconstricción defensiva crónica. Evidentemente, el aumento del consumo de líquido debe llevarse a cabo progresivamente, repartiendo las tomas suplementarias durante el día, para evitar hacer trabajar en exceso el corazón o a los vasos.
- Para los *hipotensos*, la aportación de agua suplementaria permite compensar la debilidad de las facultades vasoconstrictivas de los vasos, ya que, llenos de sangre, estos últimos no deben contraerse tanto.

Gastritis y úlcera de estómago

Para protegerse de la destrucción de sus mucosas por parte de los jugos digestivos ácidos que produce, el estómago protege sus paredes segregando una mucosidad protectora. Esta mucosidad está constituida en un 98 % por agua y en un 2 % por bicarbonato de sosa. La gran cantidad de agua que entra en la composición de la mucosidad sirve para crear una gran barrera entre las mucosas y los ácidos de los jugos gástricos. El bicarbonato que impregna la mucosidad actúa, gracias a sus propiedades alcalinas, neutralizando los ácidos que podrían intentar atravesar esta barrera protectora.

Sin embargo, en caso de deshidratación crónica, el líquido disponible para fabricar la mucosidad puede hacer falta en el estómago. Entre las personas con predisposición a este tipo de trastornos, algunas zonas del estómago no estarán entonces bien cubiertas por la mucosidad y quedarán por ello desprotegidas. Estas zonas podrían entonces ser atacadas por los ácidos, lo que provocaría en primer lugar una inflamación de la mucosa (gastritis) y, más tarde, lesiones (úlcera).

En tales casos, antes que recurrir a emplastos artificiales, es mejor ayudar el organismo a producir su propio emplasto o mucosidad protectora bebiendo más. Un consumo muy generoso de agua contribuye a que el estómago produzca de nuevo suficiente mucosidad, lo cual protege las paredes del estómago frente a cualquier agresión.

Según los estudios realizados por el doctor Batmanghelidj citados en su libro *Votre corps réclame de l'eau* (*véase* bibliografía) –y la práctica lo confirma en numerosos casos–, incluso las crisis agudas y dolorosas provocadas por úlceras gástricas (sin perforación) se calman rápidamente consumiendo una cantidad abundante de agua. El tratamiento de urgencia consiste en beber grandes vasos de agua (de entre 2 y 3 dl) uno detrás del otro (tres o cuatro vasos suelen ser suficientes) para que los dolores desaparezcan.

A continuación leeremos un fragmento de su libro que ilustra perfectamente su pensamiento:

Una noche [...] el doctor Fereydoon Batmanghelidj descubrió el valor medicinal del agua para los enfermos afectados de úlcera péptica cuando, al no disponer de medicamentos, prescribió dos vasos de agua a un paciente que sufría graves dolores abdominales. En menos de ocho minutos, el dolor desapareció y así nació una nueva ciencia médica. A lo largo de los veinticinco meses siguientes, el doctor Batmanghelidj se dedicó por completo a la investigación clínica de las virtudes medicinales del agua. En la cárcel, «un laboratorio de estrés ideal», estudió el papel del agua en la reducción del estrés así como en el tratamiento de las enfermedades relacionadas con éste.

Trastornos respiratorios

Las mucosas respiratorias no están secas, sino ligeramente húmedas. Esta humedad es necesaria para protegerse de las sustancias presentes en el aire inspirado (polvo, polen), pero también para humidificar este aire cuando es demasiado seco. Si al cuerpo le falta agua, algunas porciones de las mucosas respiratorias se resecan: se vuelven menos permeables a los intercambios gaseosos y más sensibles a las agresiones externas. De ello resulta una propensión a la tos y a los trastornos respiratorios que desaparece cuando el organismo vuelve a ser hidratado correctamente.

Desequilibrio ácido-básico

Para que nuestro organismo funcione de la mejor manera posible, debería haber un equilibrio en nuestro cuerpo entre las sustancias ácidas y las básicas. Sin embargo, si el modo de vida y de alimentación actual ya incita a la acidificación del terreno y a numerosos trastornos de salud (léase a este respecto, del mismo autor, *L'équilibre acido-basique* y *Gérez votre équilibre acido-basique*, *véase* bibliografía), un consumo insuficiente de agua acentuará todavía más esta acidificación.

La razón principal de este fenómeno es que la disminución enzimática provocada por la deshidratación impide que las transformaciones bioquímicas se lleven a cabo correctamente. En lugar de ser llevadas hasta su término, se interrumpen en niveles intermedios, en los que las sustancias transformadas se encuentran la mayoría de veces bajo forma ácida. Esta producción interna de ácidos se va a añadir a las aportaciones externas de ácidos, consecuencia de la alimentación demasiado proteínica y glucídica de hoy en día.

La acidificación del terreno también se ve reforzada por la falta de agua, ya que los emuntorios responsables de la eliminación de los líquidos (los riñones y la piel) son al mismo tiempo las principales puertas de salida a través de las cuales el cuerpo se deshace de los ácidos. Una reducción del volumen de las orinas y del sudor reduce necesariamente la evacuación de los ácidos.

Sobrepeso y obesidad

Una persona aquejada de sobrepeso come más de lo que su cuerpo es capaz de utilizar y eliminar. ¿De dónde procede esta propensión a comer más allá de las necesidades fisiológicas? Existen numerosas razones, pero una de ellas –rara vez mencionada– es la sed.

Existen dos maneras de calmar la sed; por una parte, beber, por otra, comer alimentos ricos en agua. Si optamos por la segunda solución, el cuerpo recibirá líquidos, pero también sustancias nutritivas que no necesita y que le harán ganar peso a la fuerza. En esta situación, la persona con sed comete el error de comer en lugar de beber. De hecho, este error se comete con mucha más frecuencia de lo que creemos.

Aunque las dos sensaciones sean distintas, se confunde a menudo la sed con el hambre. Una razón es que comer puede calmar la sed. Una segunda razón es que el cansancio que acompaña el estado de deshidratación se considera erróneamente como una falta de carburante energético y, por tanto, de azúcar. En ambos casos, se trata de una falsa sensación de hambre.

Cuando alguien confunde sed y hambre, se crea rápidamente un círculo vicioso, porque, cuanto más come esa persona, más agua necesitará para producir jugos digestivos. Sin embargo, cuanto más coma, más sed tendrá. Pero, como la persona confunde sed y hambre, volverá a comer en lugar de beber, acentuando así su necesidad de agua que interpretará erróneamente como hambre.

Para romper este círculo vicioso y reducir la cantidad de alimentos ingeridos, hay que aumentar considerablemente la aportación de agua. Al beber mucho más de lo habitual (más de 2 litros al día), las falsas sensaciones de hambre ya no se manifestarán. Las cantidades de alimentos consumidos disminuirán y se ajustarán a las necesidades y las posibilidades orgánicas.

Al beneficioso efecto de la reducción de las aportaciones se le añade la estimulación de los metabolismos en general. Se produce porque la rehidratación de los tejidos estimula la actividad enzimática y, por tanto, también la combustión de las grasas de los tejidos sobrantes.

Eccemas

Las glándulas sudoríparas eliminan diariamente entre 6 y 7 dl de sudor, volumen necesario para diluir suficientemente las toxinas y que no irriten la piel.

En caso de deshidratación crónica, el volumen de líquidos disponibles para formar el sudor es insuficiente. Ese sudor será entonces más concentrado, más agresivo. Se producirán irritaciones e inflamaciones de la piel, manchas, pruritos y diferentes tipos de granos o de microlesiones.

Como el sudor lleva el mismo tipo de toxinas que la orina, un aumento del consumo de líquidos resultará beneficioso por partida doble. Por una parte, porque las toxinas diluidas en un volumen más importante de sudor dejarán de ser agresivas para la piel y, por otra, porque este excedente de agua intensificará la eliminación renal de las toxinas, lo cual reducirá la cantidad de las que llegarán a la piel.

Colesterol

El colesterol es una de las sustancias más útiles para el organismo. Sólo su exceso resulta nocivo, especialmente para el sistema circulatorio.

De la cantidad total de colesterol que se encuentra en nuestro cuerpo, una tercera parte procede de la alimentación y dos terceras partes son producidas por el propio organismo. Esta producción se lleva a cabo en el hígado y los intestinos. Una hipercolesterolemia, es decir, una excesiva presencia de colesterol en la sangre, puede tener una causa externa (los alimentos consumidos) o interna (una sobreproducción endógena).

Entre las numerosas funciones que lleva a cabo, el colesterol participa en la construcción de las membranas (o paredes) de las células. Su papel consiste, ante todo, en darles cierta impermeabilidad. Puesto que las necesidades celulares de colesterol son continuas, el cuerpo lo produce constantemente. Pero esta producción puede resultar excesiva en algunas circunstancias y llevar a la hipercolesterolemia. Es lo que ocurre en caso de deshidratación.

Pero, ¿cómo se produce?

Cuando la deshidratación conduce a unas tomas demasiado importantes de líquido dentro de las células, el cuerpo reacciona y trata de frenar estas tomas produciendo más colesterol. Una presencia más elevada de colesterol permite efectivamente impermeabilizar mejor las membranas de las células, evitando así una pérdida demasiado importante de líquido. Pero, si bien resulta beneficiosa para luchar contra la deshidratación, esta sobreproducción tiene, sin embargo, como consecuencia negativa un incremento de la presencia de colesterol en la sangre.

En tales casos, el consumo abundante y regular de agua hará que la sobreproducción de colesterol se interrumpa, sin ningún cambio alimentario, ya que la alimentación no está implicada.

Cistitis e infecciones urinarias

Se conoce bien la nefasta influencia de un déficit de líquido en lo tocante a las infecciones urinarias. Como las toxinas contenidas en la orina no han sido suficientemente diluidas, atacan a las mucosas urinarias y provocan así microlesiones. Estas últimas constituyen unas vías de entrada para los microbios que, al penetrar y fijarse en las mucosas, se multiplican y causan dolorosas infecciones.

Por tanto, el remedio consistente en beber con abundancia para diluir las orinas y asegurarse de que el elevado flujo de líquido elimina los microbios está perfectamente justificado. Pero el agua interviene también a otro nivel. Los microbios responsables de las infecciones urinarias suelen tener su origen en el entorno intestinal. Se trata de microorganismos de la flora intestinal –y por tanto originalmente beneficiosos– que mutan y se vuelven virulentos. Esto ocurre cuando su entorno se altera debido a un tránsito intestinal demasiado lento y a las fermentaciones y putrefacciones repetidas que se producen. Desplazándose después por el organismo, por ejemplo, por las cercanas vías urinarias, estos microbios provocan infecciones.

Un aumento del consumo del agua actuará, por tanto, no solamente de manera favorable para las vías urinarias, sino también en el punto de partida de las infecciones: el medio intestinal (*véase* «Estreñimiento»).

Reumatismo

Los dolores articulares se manifiestan cuando las articulaciones son atacadas por sustancias irritantes, la mayoría de veces se trata de toxinas producidas por el propio organismo. Estos dolores son más fuertes a medida que la concentración de toxinas se eleva. Pero este aumento se produce cada vez que el cuerpo se deshidrata, ya que la disminución de los líquidos orgánicos disponibles provoca de inmediato un aumento de su concentración en toxinas y, por consiguiente, de su poder irritante.

Pueden aparecer dolores articulares únicamente porque se produce una deshidratación, lo cual provoca un aumento anormal de la concentración de toxinas en la sangre y en los sueros celulares. Si fuera realmente el caso, se podría conseguir la atenuación o la supresión de los dolores al aumentar la cantidad de agua ingerida diariamente. Pero, ¿ocurre así?

Sí, esta terapia se ha mostrado a menudo eficaz, por diversas razones. La primera se debe a la desconcentración de líquidos orgánicos mencionados anteriormente. La segunda procede de la eliminación de las toxinas responsables de los dolores, que se lleva a cabo de forma más adecuada cuando el cuerpo dispone de un soporte líquido más abundante. En tercer lugar, la rehidratación de los tejidos en general también tendrá efectos beneficiosos sobre los cartílagos articulares.

Los cartílagos son tejidos ricamente provistos de agua. Su papel consiste en proteger las superficies de contacto de las piezas óseas de la articulación. Gracias a ellos, las piezas óseas pueden deslizarse unas sobre otras sin dañarse. Sin embargo, esto no ocurre en caso de deshidratación crónica. Los cartílagos se van volviendo cada vez más delgados al perder parte de su agua y los huesos acaban por tocarse. La irritación producida por el roce de las piezas óseas, añadida a la que producen las toxinas, inflama entonces la articulación y causa mucho dolor. La rehidratación de los cartílagos es, por esta razón, uno de los efectos beneficiosos que produce un tratamiento del reumatismo basado en un aumento del consumo de agua.

Envejecimiento precoz

El proceso normal del envejecimiento se debe a la pérdida progresiva del volumen de los sueros extra e intracelulares. Como hemos visto, el cuerpo de los recién nacidos está constituido de líquido en un 80 %, pero este porcentaje se reduce al 70 % en la edad adulta. De hecho, este porcentaje no deja de reducirse conforme ganamos años. Esta pérdida de agua contribuye a la disminución de los intercambios y a la pérdida del volumen carnoso característico del envejecimiento natural.

Esta pérdida de agua en los tejidos puede intensificarse y acelerarse en algunas circunstancias. Eso ocurre cuando el volumen de líquido ingerido diariamente no es suficiente. Así, las personas mayores que beben demasiada poca agua añaden a la deshidratación normal del envejecimiento natural una deshidratación artificial absolutamente evitable. Estas personas envejecen más de lo normal, simplemente por culpa de una mala higiene de vida.

Beber lo suficiente es indispensable a lo largo de la vida y el periodo de la vejez no es una excepción. Desgraciadamente, las personas mayores no suelen beber lo bastante, en parte porque no siempre perciben muy claramente la sensación de sed.

Para evitar la deshidratación, nuestro cuerpo nos incita a beber provocando una sensación incómoda: la sed. Teóricamente, no debería ser posible deshidratarse. Y sin embargo, a mucha gente le acaba ocurriendo…

Pero, ¿qué es la sed? ¿Cómo y cuándo se manifiesta? ¿Por qué no siempre hacemos caso de sus llamadas? Éstas son algunas de las cuestiones que abordaremos en el siguiente capítulo.

CAPÍTULO 4

♦

LA SED

La sensación de sed es el medio utilizado por el organismo para evitar la deshidratación. Es una señal de alarma que se manifiesta cada vez que empieza a faltar agua en el cuerpo. La sed nos incita no solamente a beber, sino a beber cuanto sea necesario para corregir el déficit hídrico.

La sensación de sed es, por tanto, proporcional al déficit: es ligera si la falta de agua es limitada, y grande si es importante. Si no se satisface, la sed aumenta con el tiempo porque, aunque el cuerpo esté falto de agua, sigue perdiendo parte de su agua para eliminar las toxinas y ajustar su temperatura mediante la perspiración.

La sed se manifiesta en la boca, y no en el estómago o el vientre. Se caracteriza por una sequedad bucal y una áspera sensación de constricción en la faringe, la glotis y la lengua.

En cuanto hemos bebido la cantidad de líquido necesaria para compensar el déficit, la sensación de sed desaparece. Hasta que el déficit haya sido compensado, incluso una ingesta importante de agua en un tiempo muy reducido no provocará diuresis, como ocurriría en condiciones normales. La diuresis sólo aparece cuando el agua ingerida supera las necesidades.

Como un déficit importante de líquido resulta rápidamente fatal, la sensación de sed se manifestará de manera imperativa según la importancia de aquél. Se convierte entonces en una necesidad absoluta que ya no abandona a la persona hasta que bebe.

Aunque exteriormente la sed se manifiesta siempre de la misma manera, podemos distinguir dos tipos de sed en función del nivel corporal en el que se manifiesta el déficit hídrico de manera preponderante: la sed extracelular (o hipovolémica) y la sed intracelular (u osmótica).

La sed extracelular

Se trata de una sed que se manifiesta cuando el volumen de la sangre o del suero extracelular disminuye demasiado; por eso también se le llama sed **hipovolémica** (poco volumen). El objetivo de esta sed es que se efectúen rápidamente aportaciones de agua para que el volumen de la sangre y del suero extracelular vuelvan a sus niveles normales. Estas aportaciones evitan que el organismo tenga que buscar agua en las células. En efecto, esta solución resulta perjudicial fisiológicamente, mientras que el simple consumo de agua no lo es.

A simple vista, podría parecer que la sed extracelular se debe únicamente a la pérdida de líquidos provocada por la actividad de los órganos emuntorios. En efecto, la sangre y el suero extracelular conducen las toxinas hasta los riñones y la piel cediéndoles el agua necesaria para la formación de la orina y el sudor. Pero la existencia de estas pérdidas de líquido no basta para explicar totalmente la aparición de la sed, porque la necesidad de beber no se manifiesta nunca después de haber orinado o después de la perspiración normal a lo largo del día.

Estas eliminaciones realmente provocan pérdidas de agua, pero, al ser progresivas, pueden ser perfectamente compensadas por las aportaciones diarias de líquido sin que la sed extracelular tenga que manifestarse. Para que aparezca, otra condición es necesaria: la fuerte eliminación de líquido debe venir acompañada de una fuerte pérdida de sal.

En el organismo, la sal se encuentra principalmente en la sangre y el suero extracelular; en las células prácticamente no hay sal. El papel de la sal consiste en retener el agua: un gramo de sal retiene 11 g de agua. Su presencia evita que el entorno líquido en el que se encuentran las células no disminuya demasiado y ponga su supervivencia en peligro.

La sal forma parte de un sistema de defensa del organismo, ya que lucha contra la deshidratación. Por ello, hacen falta condiciones extremas para que abandone el cuerpo en una cantidad anormalmente elevada. Estas condiciones se cumplen cuando se produce una sudoración muy importante. Por ejemplo, durante una estancia prolongada en una región muy caliente, en caso de fiebres elevadas o si se ejerce una actividad deportiva muy intensa y de larga duración. Según esto, las eliminaciones importantes de sudor se llevan una gran cantidad de sal, salvo entre deportistas cuyo cuerpo, acostumbrado a sudar regularmente y con intensidad, se proteja frente a esta pérdida. Pero, cuanta más sal pierde el cuerpo, menos agua retiene; y cuanta menos agua retiene, más agua pierde y mayor es la deshidratación.

Unas importantes pérdidas de sal pueden también producirse en caso de vómitos y de diarreas persistentes.

Como la sed extracelular se debe a la pérdida de líquido y de sal, la corrección del déficit hídrico resultante sólo se podrá obtener mediante el consumo de agua.

Esto se debe, en primer lugar, a que la sal que permanece en el nivel extracelular no basta para retener el líquido que todavía se encuentra en ella. Una aportación suplementaria de líquido, por muy generosa que sea, no serviría de nada, ya que falta la sal necesaria para retenerla. En segundo lugar, una aportación exclusiva de agua sólo haría empeorar todos los trastornos provocados por el déficit hídrico. Debido a la pérdida de sal, la concentración salina de la sangre y del suero extracelular ya ha disminuido en gran medida. Beber sin consumir sal sólo haría disminuir todavía más esta concentración.

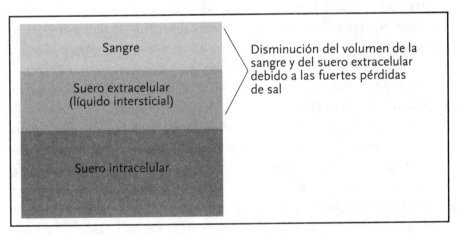

Esquema 6: La sed extracelular (o hipovolémica).

Sólo el consumo simultáneo de agua y sal permite poner remedio a la situación: el agua para restablecer el volumen, la sal para retener el agua aportada. Así, el estado de una persona afectada por un golpe de calor (llamado insolación si su causa es una larga exposición al sol) empeora mientras no se le suministra agua, pero mejora rápidamente en cuanto se añade un poco de sal a su bebida. Hay que subrayar que el agua debe ser ingerida lentamente y a pequeños sorbos para evitar un choque hídrico.

La sed extracelular o hipovolémica se produce por consiguiente en situaciones excepcionales. Es poco corriente, por lo menos en su forma aguda; la sed intracelular u osmótica, en cambio, es mucho más habitual.

La sed intracelular

Se trata de una sed provocada por un déficit hídrico dentro de las células. ¿Cuál es su causa?

Por sí mismas, las células no se separarían voluntariamente de su agua. Al contrario, buscan constantemente conservar tanta agua como les es necesario. Si su contenido en agua disminuye es porque el cuerpo la está sacando a este nivel sin que las células puedan evitarlo. Sólo un grave peligro puede hacer llegar a este extremo. Contrariamente a lo que se podría pensar, este peligro no es el déficit de agua en la sangre y el suero extracelular, sino una **concentración** excesiva de estos líquidos.

Esta concentración procede principalmente de la alimentación. Una vez digeridos los alimentos, las sustancias nutritivas abandonan el tubo digestivo para llegar a la sangre y, justo después, al suero extracelular. La concentración de estos líquidos aumenta inevitablemente durante las comidas. Se eleva según la importancia de la masa de los alimentos (aspecto cuantitativo) y si son ricos y salados (aspecto cualitativo).

Cuando no llega ninguna aportación exterior de líquido para que la sangre y el suero extracelular sean más fluidos, su concentración se eleva, así como la presión osmótica que ejercen sobre el suero intracelular. Una transferencia de líquido por ósmosis se producirá entonces a partir de las células para restablecer el equilibrio osmótico entre ambos lados de la membrana celular. Las células pierden así parte de su agua de constitución, y el déficit de líquido resultante despierta entonces una sensación de sed. A esta sed se le llama osmótica porque ésa es su causa, o bien sed intracelular, ya que lo que falta es agua en el interior de las células.

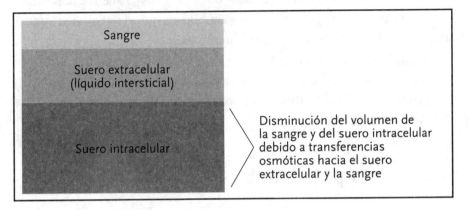

Esquema 7: La sed intracelular (u osmótica).

Resulta fácil observar que comer despierta la sed. En efecto, la necesidad de beber aparece regularmente a lo largo de las comidas y nos incita a tomar líquido. Este fenómeno no tiene nada de cultural, sino que es fisiológico. Se puede observar en cualquier parte del mundo, tanto entre los seres humanos como entre la mayoría de los animales. Por ejemplo, los ratones consumen después de la comida el 60 % del agua que beben a lo largo del día; los perros, un 90 % de su ración diaria.

La sed intracelular se manifiesta también fuera de las comidas. Las personas que tienen sed durante la noche sienten la necesidad de beber porque las digestiones de la cena acaban mientras duermen. Cuando la sed aparece al despertar, es porque los emuntorios han purificado mal la sangre durante la noche. Por la mañana, la sangre contiene todavía demasiadas toxinas procedentes de la cena.

La interrelación entre la alimentación y la sed explica que la gente que come mucho tenga más sed que la gente que come poco. También explica que la sensación de sed disminuya mucho durante los ayunos (salvo cuando las toxinas suben bruscamente y en masa por la sangre). Esta interrelación también permite entender por qué los pueblos que viven en el desierto sobreviven con raciones de agua bastante modestas: su alimentación es muy moderada.

Contrariamente a lo que ocurre con la sed extracelular, la sed intracelular se calma con agua no salada porque una aportación de sal incrementaría todavía más la excesiva concentración de la sangre y el suero extracelular, y también porque el agua pura se encarga mejor que el agua salada de las toxinas que hay que llevar hasta los emuntorios.

Según la causa que las provoca, la necesidad de beber que sentimos puede, por tanto, ser una sed intracelular (el caso más corriente), o bien una sed extracelular. En situaciones excepcionales de privación de agua, los dos tipos de sed se suman.

La pérdida de la sensación de sed

La sensación de sed es una señal de alarma lanzada por el cuerpo que todo el mundo debería percibir. Sin embargo, algunas personas sólo sienten la necesidad de beber en contadas ocasiones. Cuando se les interroga a este respecto, declaran no tener nunca sed y que por eso beben muy poco.

La pérdida de la sensación de sed se debe a dos causas principales:

- La primera es la ausencia repetida de reacción frente a las señales de alarma de la sed. Cuando, en repetidas ocasiones, una persona no bebe cuando la sed le incita a hacerlo, la sensación de sed se modifica. Con el tiempo se atenuará. Las molestias que causa (boca seca, constricción de la faringe) ya no se manifestarán con tanta intensidad.

  El proceso es similar al que se produce con las personas que llevan a menudo platos calientes, como los cocineros. Al no reaccionar a las sensaciones de quemadura que sufren sus manos, se acaban acostumbrando al calor. Con el tiempo son incluso capaces de soportar temperaturas muy elevadas.

  En el caso que estamos tratando, la persona que bebe poco tolera cada vez mejor la sed y ya no percibe del mismo modo las señales de alarma emitidas por su cuerpo. Pero esto tan sólo es cierto en cuanto a la sensación de sed, y no en cuanto a sus consecuencias: estas personas, inevitablemente, sufren deshidratación crónica a pesar de la ausencia de sed.

  La pérdida de la sensación de sed no suele afectar a los niños, pero está relativamente presente entre los adultos y es frecuente entre las personas mayores, que pueden tener la boca seca sin desear beber, ni siquiera sentir que deberían hacerlo.

- La segunda razón por la que se puede perder la sensación de sed es fruto de una confusión entre sed y hambre. Como hemos visto, estas dos sensaciones, a pesar de sus diferencias, a veces se confunden. Pero si alguien calma regularmente su sed comiendo, la sensación de sed se atenuará o dejará de ser percibida como tal.

Afortunadamente, al igual que cualquier función fisiológica, podemos despertar la sensación de sed que hemos apagado. Basta con que la persona se fuerce a beber normalmente, incluso aunque no tenga sed. Al cabo de unos pocos días, ¡se sorprenderá de la sed que tiene a pesar de lo mucho que bebe!

CAPÍTULO 5

♦

QUÉ BEBER

A lo largo de todo este libro se ha dicho que el cuerpo humano necesita aportaciones diarias y abundantes de líquido para funcionar correctamente y evitar la deshidratación. Pero, ¿de qué líquidos estamos hablando? ¿Todas las bebidas tienen el mismo valor? ¿Qué características debe tener una bebida para resultar fisiológicamente beneficiosa?

La respuesta es que son necesarias diferentes características. Debe resultar fácilmente asimilable por el tubo digestivo y atravesar con facilidad las paredes de los capilares y de las membranas celulares.

También debe evitar presentar inconvenientes cuando la bebemos regularmente y en cantidad importante. Por ejemplo: tener un sabor que no nos guste, perturbar las digestiones, estimular excesivamente el tránsito intestinal, tener efectos demasiado calmantes o excitantes, etc. Estos efectos indeseados podrían incitar a interrumpir el consumo de la bebida antes de que las necesidades de líquido hayan sido cubiertas.

El líquido que responde mejor a todos estos imperativos es, sin duda, alguna el agua, la simple agua potable. En efecto, el agua es la bebida básica del ser humano porque es la bebida que le ofrece la naturaleza.

El agua*

El agua potable nunca es pura en el sentido químico del término. Un agua exclusivamente compuesta de dos átomos hidrógenos y un átomo de oxígeno (H_2O) sólo se puede obtener en laboratorio. Generalmente, el agua contiene sales minerales captadas al atravesar las capas subterráneas.

Por tanto, el agua potable no es una sustancia uniforme que tendría siempre la misma composición, independientemente del lugar donde se encuentre. Al contrario, su contenido en minerales y sus características (su sabor, su olor) varían según su procedencia.

Así pues, existe una multitud de aguas diferentes, pero las podemos agrupar en cuatro grandes grupos:

1. *Las aguas sin olor ni sabor.* Son las aguas más puras, su contenido en minerales es escaso. Por ejemplo, el agua de Evian, el agua de referencia para los profesionales de la degustación de agua.
2. *Las aguas sin olor, pero con sabor.* Son las aguas de manantial clásicas. La presencia de minerales, tales como el calcio, el magnesio o el sodio, les confiere un ligero sabor, pero ningún olor. El ejemplo extremo es el agua del balneario de Manzanera (Teruel), con un contenido en sodio de 2.885,5 mg/L.
3. *Las aguas con olor, pero sin sabor.* También son clásicas aguas de manantial, pero a diferencia de las anteriores, contienen minerales como el azufre, que les concede un olor fuerte y característico. Estas aguas no se comercializan, pero están disponibles en el manantial mismo, en las estaciones termales.
4. *Las aguas con olor y sabor.* Son las aguas del grifo. La presencia de cloro les da olor y sabor.

A pesar de sus características diferentes, estas aguas son todas potables y, por ello, aptas para el ser humano.

Lo ideal sería que el agua potable no tuviera ni olor ni sabor, o bien un sabor muy discreto. Ese tipo de agua se encuentra en numerosos manan-

---

* Léase a este respecto, *Développez votre potentiel énergétique*, de G. A. Ulmer (*véase* bibliografía).

tiales. En el pasado, sólo las personas que vivían cerca de estos manantiales podían disfrutarlas. Pero hoy en día, estas aguas están disponibles embotelladas y se comercializan ampliamente.

Sin embargo, las aguas de manantial no bastan para cubrir las necesidades del número siempre creciente de la población mundial. Por tanto, se utilizan aguas procedentes de otros orígenes. Se trata principalmente de aguas de las capas freáticas, de los ríos y los lagos. Estas últimas no se pueden consumir directamente: primero hay que limpiarlas y desinfectarlas. También hay que tratarlas para que no se alteren durante su prolongada estancia por las tuberías hasta que llegan a los consumidores.

El agua del grifo no posee las cualidades del agua de manantial, pero se intenta que sea lo más parecida posible. De hecho, en la actualidad, este objetivo casi se ha alcanzado, y el agua del grifo suele ser de buena calidad. En cualquier caso, es más limpia y sana que las aguas estancadas de los pozos y las cisternas que utilizaban nuestros antepasados.

Actualmente, el ser humano dispone de dos tipos de agua: el agua del grifo y el agua de manantial embotellada.

El agua del grifo

La composición del agua del grifo varía entre una región y otra en función del agua utilizada. Su sabor y su olor son excelentes en algunos lugares, pero en otros no tanto, debido al cloro utilizado para desinfectarla. La presencia de cloro es más o menos importante según las cualidades –o más bien la ausencia de éstas– del agua utilizada.

Para poner remedio al inconveniente que presenta un agua con exceso de cloro, se recurre a dos procedimientos diferentes:

- El primero consiste en llenar una garrafa con agua del grifo y colocarla entonces en la nevera durante por lo menos un cuarto de hora. Así, el cloro contenido en el agua se evaporará en el aire. Además, el agua perderá su olor y tendrá un sabor más suave y agradable. Este procedimiento se utiliza normalmente en los restaurantes que ofrecen jarras de agua a sus clientes.

- El segundo procedimiento para eliminar el cloro (y cualquier otra sustancia indeseable como el plomo, los nitratos, etc.) consiste en utilizar filtros, de los que en la actualidad existen numerosos modelos.

Según la calidad de los filtros, se eliminan más o menos las sustancias extrañas del agua. El sabor y el olor de las aguas así obtenidas varían por ello mucho en función del filtro utilizado.

A excepción de los casos en los que está cargada de sustancias nocivas (metales pesados, residuos orgánicos, productos procedentes de la contaminación), el agua del grifo está absolutamente indicada para su consumo, con o sin filtrado.

Las aguas minerales y de manantial

Estas aguas vendidas en botella proceden de manantiales conocidos. Lo que diferencia a unas de otras es que, generalmente, el contenido en minerales de las aguas minerales es más estable y más elevado que el de las aguas de manantial. Además, las minerales tienen propiedades terapéuticas que no presentan las de manantial.

Sin embargo, el aspecto terapéutico de esta agua no es el tema tratado en este libro. Nuestro objetivo es conseguir una buena hidratación o rehidratación del cuerpo gracias a aguas de buena calidad que pueden beberse en grandes cantidades gracias a su agradable sabor.

Entre todas estas aguas, las que el organismo asimila y utiliza con mayor facilidad son las menos ricas en minerales. En efecto, cuanto más mineralizada –o «espesa», debido a las sustancias añadidas para obtener una bebida específica (café, azúcar, crema, etc.)– es un agua, mayores son las posibilidades de interferencia en los procesos de asimilación e intercambios osmóticos. Estas interferencias se oponen a nuestro objetivo: una utilización sencilla del líquido consumido por el organismo.

Generalmente se considera que las aguas ingeridas para el uso cotidiano, es decir, a largo plazo, no deberían tener un contenido en minerales superior a 500 mg por litro. Este contenido mineral siempre aparece en la etiqueta de las botellas, así que es fácil estar informado a este respecto.

Los filtros de agua

Existen tres tipos de filtros:

1. Las **jarras filtrantes** son las más sencillas. Están formadas por dos recipientes superpuestos y separados por un filtro. El agua del grifo se coloca en el recipiente superior que puede contener entre 1 y 3 litros según los modelos. Al fluir a través del filtro en pocos minutos, el agua se purifica. Se desplaza entonces hasta el recipiente inferior, donde quedará almacenada hasta su consumo.

   Muchas marcas ponen a la venta estas jarras filtrantes (Benessere Laica, Brita, Jata, Kenwood). Para asegurar su eficacia, el filtro empleado debe ser cambiado regularmente. En efecto, el carbón activo y, según los modelos, las resinas utilizadas para retener las sustancias no deseadas, se saturan rápidamente y pierden así su capacidad filtrante.

2. Los **filtros acometidos sobre el grifo**. Esta segunda categoría funciona según los mismos principios que los filtros anteriores, pero es más práctica, ya que el agua se va purificando según las necesidades. Su instalación es sencilla porque el fabricante suministra todos los adaptadores necesarios. Su coste es más elevado que el de las jarras, pero el volumen de agua que pueden filtrar es mayor y con más eficacia. Son numerosas las marcas que fabrican este tipo de filtros (Aquanatura, Brita, Rowenta). También conviene cambiar regularmente el filtro de estos aparatos para que conserven toda su eficacia.

3. Los **filtros fijos** o de «ósmosis». No se colocan sobre el grifo, sino sobre los conductos de llegada de agua, permitiendo así que toda el agua utilizada en la casa se purifique. Se trata de aparatos mucho más complejos que, además de utilizar los filtros habituales de carbón y resinas, tienen un procedimiento especial llamado «de ósmosis inversa». Estos aparatos son, con diferencia, los más eficaces, pero también los más caros. Además, deben ser instalados por un profesional y controlados regularmente por un especialista. Algunas de las empresas que comercializan estos aparatos son Acquamatter, AiguaCat, Culligan, GWTG, etc.

Se deben consumir con más moderación las aguas cuya tasa de mineralización sea superior a 500 mg. Las aguas muy mineralizadas (más de 1500 mg/L) sólo deben consumirse a corto plazo, como agente terapéutico, y no como bebida de mesa.

En la tabla que ofrecemos en las páginas siguientes se incluye una lista de las aguas minerales reconocidas en España, por orden creciente de mineralización (muy débil o débil). Se indica su denominación comercial, el nombre del manantial, así como el lugar de explotación.

Según su procedencia, las aguas minerales y de manantial se encuentran en forma gaseosa o natural. ¿Existe alguna diferencia entre estos dos tipos de agua en cuanto a la hidratación del cuerpo? No. La capacidad hidratante de un agua no aumenta ni disminuye debido a la presencia de gas. Como mucho, algunos preferirán el agua con gas porque estimula las mucosas bucales. Sin embargo, la presencia de gas tiene el inconveniente de que no se puede beber a grandes sorbos, como algunas personas suelen hacer. Estas personas beberán entonces menos agua si el agua gaseosa es la única disponible.

Que el agua que bebamos tenga gas o no es una cuestión de gusto personal o de costumbre. Pero una intolerancia a nivel digestivo también puede desempeñar un papel en esta cuestión. Algunas personas sufren algún tipo de indisposición cuando beben agua con gas (aerofagia, hinchazón de vientre), mientras que otras la toleran sin ningún inconveniente.

La distinción entre las personas a las que les gusta o no el agua con gas nos lleva, en realidad, a hablar de aquellos a quienes no le gusta el agua como tal. Si las primeras no tienen ninguna dificultad para cubrir sus necesidades en agua, las personas a las que no les gusta el agua no sienten ningún placer en el momento de beberla; por ello, apenas lo hacen.

Como el agua es la única bebida que la naturaleza ofrece al ser humano –y también a los animales–, la falta de aprecio del agua no es natural. Pero esta tendencia puede invertirse fácilmente, porque no pertenece a la fisiología del ser humano. Para reaprender a beber agua, es necesario forzarse a beberla. En efecto, el aprecio por bebidas diferentes al agua se desarrolla por costumbre y repetición, así que podemos hacer lo mismo con el agua. La práctica demuestra que el placer y la costumbre reaparecen rápidamente.

Clasificación de las aguas minerales naturales, según la legislación española	
De mineralización muy débil	Hasta 50 mg de residuo seco, es decir, de minerales por litro
De mineralización débil u oligometálicas	Hasta 500 mg/L de residuo seco
De mineralización fuerte	Más de 1.500 mg/L de residuo seco

Las aguas menos mineralizadas en España, por comunidades autónomas				
Comunidad autónoma	Denominación comercial	Residuo seco*	Nombre del manantial	Lugar de explotación
ANDALUCÍA	San Vicente	112	San Vicente	Lanjarón (Granada)
	Lanjarón Salud	188	Salud	Lanjarón (Granada)
	Sierras de Jaén	206	Fuente del Llorón	Los Villares (Jaén)
	Aguavida	288	Fuente Mina	Casarabonela (Málaga)
	Sierra Cazorla	380	Virgen de la Esperanza	Villanueva del Arzobispo (Jaén)
ARAGÓN	Panticosa	29	San Agustín	Balneario de Panticosa (Huesca)
	Vilas del Turbón	108	Virgen de la Peña	Vilas del Turbón-Torrelarribera (Huesca)
	Veri	145	Veri	Bisauri (Huesca)
	Aguas de Ribagorza	270	Ribagorza	Graus (Huesca)
ASTURIAS	Quess	32	Manantial de Quess	Quess-Piloña
	Borines	116	Manantial de Borines	Borines-Piloña
	Galea	247	Galea	Meres-Siero
	Agua de Cuevas	260	Fuente de Cuevas	Aller
	Fuensanta	265	Fuensanta de Buyeres	Nava

Las aguas menos mineralizadas en España, por comunidades autónomas (cont.)				
Comunidad autónoma	Denominación comercial	Residuo seco*	Nombre del manantial	Lugar de explotación
BALEARES	Font Sorda-Son Cocó	347	Son Cocó	Alaró
CANARIAS	Fuenteror	200	Hoya de la Palma	Teror (Las Palmas de Gran Canaria)
CANTABRIA	Solares	507	Fuencaliente de Solares	Solares
CASTILLA-LA MANCHA	Solán de Cabras	259	Fuente de Solán de Cabras	Beteta (Cuenca)
	Fuente Madre	334	Los Chorchalejos	Los Navalmorales (Toledo)
	Fuente Liviana	359	Fuente Liviana	Huerta del Marquesado (Cuenca)
CASTILLA Y LEÓN	Bezoya	**27**	Bezoya	Ortigosa del Monte (Segovia)
	La Platina	150	La Platina	Salamanca
	El Carrizal	155	Las Carrizas	San Andrés del Rabanedo (León)
	Santolín	226	Santolín	Quintanaurria (Burgos)
	Babilafuente	237	Antigua Fuente del Caño	Babilafuente (Salamanca)
	Montepinos	252	Montepinos	Almazán (Soria)
CATALUÑA	Viladrau	131	Fontalegre	Viladrau (Girona)
	Font d'or	132	Font d'or	Sant Hilari Sacalm (Girona)
	Fonter**	155	Fonter	Amer (Girona)
	Font del Regàs	169	Font del Regàs	Arbúcies (Girona)
	Font Vella	192	Font Vella	Sant Hilari Sacalm (Girona)
	Caldes de Boí	192	Font del Bou	Barruera (Lleida)

Las aguas menos mineralizadas en España, por comunidades autónomas (cont.)

Comunidad autónoma	Denominación comercial	Residuo seco**	Nombre del manantial	Lugar de explotación
CATALUÑA (cont.)	Ribes	260,4	Fontaga	Ribes de Freser (Girona)
	Sant Aniol	333	Sant Aniol	Sant Aniol de Finestres (Girona)
COMUNIDAD VALENCIANA	Orotana	211	Orotana	Artana (Castellón)
	L'Avellá	223	Nuestra Señora de Avellà	Catí (Castellón)
	Fuente en Segures	300	Fuente en Segures	Benasal (Castellón)
EXTREMADURA	Sierra Fría	59	El Chumacero	Valencia de Alcántara (Cáceres)
GALICIA	Aguasana	**29**	A Granxa	Belesar-Baiona (Pontevedra)
	Sousas	114	Sousas	Verín (Ourense)
	Fuente del Val	148	Fuente del Val 2	Mondariz (Pontevedra)
	Cabreiroá	209	Cabreiroá (pozo 2)	Verín (Ourense)
	Fontoira	217,32	Fontoira	Cospeito (Lugo)
	Fontecelta	285	Fontecelta	Céltigos-Sarria (Lugo)
MADRID	Fonsana	95	Somosierra	La Cabrera
MURCIA	Agua de Cantalar	390	Cantalar	Moratalla
NAVARRA	Betelu	809	Ama-Iturri	Betelu
PAÍS VASCO	Alzola	391,1	Alzola	Alzola-Elgoibar (Guipúzcoa)
LA RIOJA	Peñaclara	753,7	Peñaclara	Torrecilla en Cameros (La Rioja)

* Grado de mineralización en mg/L.
** Agua con gas.
FUENTES:
– Lista de aguas minerales reconocidas en España. Publicada en el *Diario Oficial de las Comunidades Europeas* C41 de 14/02/2002 y C59 de 09/03/2005.
– *Las aguas minerales en España*, por Baeza Rodríguez-Caro, Juana; López Geta, Juan Antonio; Ramírez Ortega, Antonio (comps.), 2001. Disponible en pdf en: <<http://aguas.igme.es/igme/homec.htm>>.

Todas las bebidas se componen de agua en su mayor parte, y se suele considerar que contribuyen a rehidratar el organismo. Podemos concluir que da lo mismo beber agua o cualquier otra bebida. Pero, en la práctica, no es así, porque los componentes de algunas bebidas frenan o dificultan la hidratación del organismo.

Podemos, según esto, distinguir dos grandes tipos de bebidas: las bebidas con fuerte capacidad hidratante (entre las cuales se encuentra el agua) y las que tienen una capacidad hidratante limitada.

Las bebidas con gran capacidad hidratante

El agua
Sólo la mencionamos aquí como recordatorio, ya que es el tema principal de este libro.

Las infusiones
Las hojas de verbena, menta, tila, melisa, etc., dan un olor y un sabor agradables al agua utilizada para las infusiones. Estas modificaciones aportadas al agua crean una bebida que puede ser una alternativa interesante para las personas a las que no les gusta beber agua sola. Las personas a las que les gusta el agua, pero que desean cambiar de bebida, así como las que desean hidratarse con una bebida caliente, también aprecian las infusiones.

Las virtudes medicinales de las plantas no perturban la asimilación del agua por parte del organismo. Sin embargo, no ocurre lo mismo cuando se les añade azúcar (veremos más tarde el caso de los refrescos industriales) ni cuando son elaboradas con plantas medicinales con virtudes diuréticas, como el abedul, la cola de caballo, el diente de león, etc.

El agua de las infusiones penetra bien en el cuerpo, por ello podría contribuir perfectamente a la rehidratación del organismo si las virtudes diuréticas de las plantas no dificultaran este efecto al intensificar la eliminación del agua por los riñones. Cuando se utilizan infusiones diuréticas como bebida a lo largo de todo el día, el volumen del líquido eliminado es superior al aportado. Algunas plantas diuréticas son incluso capaces de multiplicar por dos el volumen de orina eliminado a diario. En casos semejantes, no solamente el agua ingerida será rápidamente eliminada, sino que también quedará eliminada una parte de los líquidos contenidos hasta entonces en los tejidos.

Debido a sus propiedades deshidratantes, las infusiones diuréticas no son bebidas de uso corriente. Deben ser consideradas como lo que son: remedios que hay que utilizar de forma moderada y limitada en el tiempo.

Otras infusiones de plantas medicinales tampoco pueden ser utilizadas como bebida habitual. Sus distintos efectos (purgativos, estimulantes...) se manifiestan demasiado rápidamente como para que podamos beberlas en cantidades suficientes y cubrir así las necesidades hídricas del organismo. La mayoría de veces, la naturaleza nos enseña –y lo hace de forma inequívoca– que estas infusiones no deben ser utilizadas como simples bebidas: su sabor y su olor resultan desagradables y nos impiden beber demasiado.

Tabla de las principales bebidas Contenido en azúcar, calorías y agua por cada 100 ml de bebida			
Bebida	**Agua (g)**	**Azúcar (g)**	**Calorías**
Agua	100	—	—
Leche humana	87	7,7	76
Leche de vaca	87	4,7	67
Leche de cabra	87,3	6	48
Leche de oveja	82,3	4,3	103
Suero	93,3	4,7	26
Zumo de naranja fresco	88	11,4	49
Zumo de manzana fresco	86	13	53
Zumo de tomate	93,7	3,8	21
Café	99	0,7	5
Té negro	99	0,4	2
Leche con cacao	79	11	101
Vino tinto	85	0,15	65
Vino blanco	90	4	80
Cerveza	93	4	35
Refrescos industriales	89	12	48

Los zumos de frutas y verduras

El agua contenida en las frutas y las verduras —su jugo— forma parte de los líquidos previstos por la naturaleza para hidratar nuestro organismo. Como se encuentra en frutas y verduras bajo forma de agua ligada, la consumimos siempre que comemos esos alimentos.

La naturaleza nos ofrece estos zumos, pero lo hace en cantidades moderadas. Su efecto beneficioso sólo aparecerá después de haber comido esos alimentos. Sin embargo, el hecho de tener que comer primero elementos sólidos para después beneficiarnos de su jugo trae como consecuencia que se fije de manera natural un límite a su consumo. Los zumos de fruta y de verdura tienen una concentración demasiado elevada en nutrientes, vitaminas y minerales como para ser ingeridos en grandes cantidades.

La extracción artificial del zumo de frutas y verduras gracias a las centrifugadoras pone a nuestra disposición una cantidad de zumos mucho más importante de la que consumiríamos normalmente. La mayoría de gente puede beber fácilmente un zumo de naranjas de 3 dl, pero muy pocos comerían de una vez las tres o cuatro naranjas necesarias para hacerlo. En suma, para mantenernos en equilibrio con la naturaleza, habría que considerar estos zumos como bebidas complementarias, que deben consumirse con moderación, tal cual o mezcladas con agua.

Las bebidas poco hidratantes

Resulta paradójico definir una bebida como poco hidratante. Teniendo en cuenta que debe estar compuesta de agua, ¿puede una bebida hacer otra cosa que hidratar el organismo? En principio no, salvo para aquellas bebidas que contienen algunos componentes que reducen en gran medida esta posibilidad, como las que estudiaremos a continuación.

El café, el té, el cacao

Todas las bebidas a base de café, de té negro y de cacao son ricas en purinas. Se trata de toxinas que deben ser eliminadas del organismo a través de la orina y el sudor, bajo forma de ácido úrico. Pero el ácido úrico debe ser diluido en cantidades importantes de líquido a fin de ser evacuado y reducir su agresividad para las mucosas de los riñones y de las glándulas sudoríparas.

El consumo de café, té negro y bebidas de chocolate aporta efectivamente agua al cuerpo, pero una parte de esta agua será utilizada para permitir la eliminación de las toxinas aportadas por la propia bebida.

El carácter poco hidratante de estas bebidas también se debe a su contenido en alcaloides: la cafeína para el café, la teofilina para el té y la teobromina para el cacao. Estas sustancias tienen, entre otras propiedades, la facultad de elevar la tensión sanguínea, intensificando así el trabajo de los riñones. El efecto diurético resultante hace que se saquen cantidades de agua superiores a las normales para rechazarlas en forma de orina. De nuevo, el organismo dejará de aprovechar como debería el agua ingerida.

Es cierto que no se eliminará la totalidad del agua aportada por estas bebidas, pero la cantidad finalmente aprovechada por el cuerpo será reducida. En definitiva, estas bebidas tienen muy pocas virtudes hidratantes.

La leche

Mencionamos la leche únicamente porque mucha gente la considera una bebida. En realidad, es un alimento: el primer alimento de los recién nacidos. Sus virtudes hidratantes son innegables para los bebés, pero no es una bebida para adultos.

Poco antes de la adolescencia, el estómago deja de cuajar la leche para transformarla en alimento sólido (la leche cuajada) a fin de que pueda ser atacada por los jugos digestivos. Eso explica que la digestión de la leche por parte de los adultos resulte en muchas ocasiones difícil e incompleta. Por tal razón, las cantidades de leche que podemos consumir deben ser limitadas.

El suero, en cambio, resulta muy digerible y es excelente para efectuar curas de desintoxicación y regenerar la flora intestinal. Sus virtudes laxantes y diuréticas, en cambio, son un obstáculo para su uso regular como bebida corriente. Se trata más bien de una bebida complementaria y de cura (*véase* del mismo autor *La cure de petit-lait* en Bibliografía).

Los refrescos industriales

Estas bebidas se componen de agua, azúcar blanca refinada o artificial (aspartamo, por ejemplo), aromas, ácidos, colorantes y, para las que están hechas a base de cola, cafeína (procedente de las nueces de cola).

Las bebidas a base de cola son las más vendidas y, por ende, consumidas. Esto significa que la mayor parte de personas que tratan de calmar su sed con refrescos lo hacen con una bebida que, debido a su alto contenido en cafeína (50 mg por vaso, frente a 85 mg para una taza de café) les hace perder agua. En efecto, la cafeína tiene propiedades diuréticas ya que, al incrementar la tensión sanguínea, intensifica la producción y la eliminación de orina.

El agua consumida con estas bebidas atravesará, por esta causa, el organismo demasiado rápidamente. Apenas haya entrado en la corriente sanguínea, será eliminada en parte por los riñones y no dispondrá del tiempo suficiente para alcanzar el medio intracelular.

El carácter poco hidratante de los refrescos industriales se debe también a su alto contenido en azúcar, que representa aproximadamente un 10 % del peso de la bebida (entre 70 y 120 g/L). Si se tratara de azúcar natural, su utilización sería sencilla y no causaría ningún problema al organismo. Pero, al tratarse de azúcar blanco refinado, al cuerpo le cuesta mucho metabolizarlo correctamente. La glucosa procedente del azúcar blanco penetra demasiado rápidamente y en masa en la sangre. Esta fuerte concentración eleva bruscamente la presión osmótica de la sangre. Para corregirlo, el cuerpo deberá entonces ceder agua procedente del suero extracelular. Nos encontramos así en una situación desconcertante, ya que una aportación de refresco provoca una pérdida de líquido.

Pero el efecto deshidratante de los refrescos no acaba aquí. La toma de suero extracelular provoca sed. Si, para compensarla, se consume más refresco, se perderá de nuevo suero extracelular, lo que acentúa todavía en mayor medida la deshidratación. Como se intenta calmar la sed, aún más intensa, con otro refresco, se crea un auténtico círculo vicioso, porque la sed se va incrementando con la bebida que pretende hacerla desaparecer.

Es fácil constatar que los refrescos tienen un efecto deshidratante en el organismo: los consumidores habituales de estas bebidas siempre tienen sensación de sed. Al no quedar nunca realmente saciados, deben estar bebiendo constantemente.

Las bebidas alcohólicas

La razón más evidente por la que las bebidas alcoholizadas (vino, cerveza, alcoholes fuertes) no sirven para hidratar el organismo es que las modificaciones de comportamiento que produce su consumo se manifiestan antes de que las cantidades de líquido suficientes hayan podido ser absorbidas para hidratar el cuerpo.

Por otra parte, el alcohol en sí tiene propiedades deshidratantes. Obtiene agua de los tejidos orgánicos con los que entra en contacto, y los seca.

Esta propiedad se utiliza en el ámbito estético, por ejemplo, para secar los granos. Pero también actúa a la altura de las mucosas digestivas. Al secarse, las mucosas se endurecen y pierden en parte su capacidad de asimilación; entre otras cosas, pierden agua.

Así, el alcohol no solamente provoca un aumento de las necesidades de agua para luchar contra el desecamiento de las mucosas, sino que también frena la asimilación del agua que necesita el cuerpo debido a la esclerosis de estas mismas mucosas.

Las virtudes deshidratantes del alcohol se manifiestan también porque las bebidas alcohólicas son ricas en diversas toxinas. La sed que provocan y su dificultad habitual para quitar la sed demuestran de hecho su incapacidad para hidratar el cuerpo.

Como lo demuestra el estudio de las propiedades de las diferentes bebidas, el agua es la bebida por excelencia para hidratar correctamente el organismo. La mayor parte del líquido que el ser humano bebe cada día debería, por tanto, consistir en agua. Por supuesto, también podemos consumir otras bebidas, incluso las que son poco hidratantes, pero tenemos que ser conscientes de que no pueden sustituir el consumo de líquido en forma de agua.

CAPÍTULO 6

♦

LAS NECESIDADES DE AGUA DEL CUERPO

¿Qué cantidad de agua necesita nuestro cuerpo? En principio, no debería ser necesario dar una cifra como respuesta a esta pregunta.

La sensación de sed nos indica no solamente cuándo conviene beber, sino también –según la amplitud de la sed– en qué cantidad hacerlo. Nuestras necesidades deberían por ello ser satisfechas instintivamente.

Sin embargo, no siempre hacemos caso de estas necesidades. A menudo, las cantidades de agua ingeridas son inferiores a las necesidades, ya que nuestro instinto de sed no se manifiesta siempre con la intensidad deseable. Incluso, en algunos casos, este instinto está muy debilitado e incluso atrofiado. A tal fin, resulta especialmente útil conocer las necesidades hídricas del cuerpo con precisión.

Nuestras necesidades parecen fáciles de determinar, ya que son equivalentes a la cantidad de líquido que elimina cada día el cuerpo humano. El líquido perdido a lo largo del día forzosamente debe ser sustituido por una nueva aportación para que el organismo no esté falto de agua, y permanezca en situación de equilibrio hídrico. ¿Cuáles son las pérdidas de agua diarias del cuerpo humano? Las cifras varían un poco según el estudio de referencia, pero son suficientemente próximas entre sí como para dar una idea precisa de nuestras necesidades.

Las eliminaciones

Como hemos indicado en el capítulo 2, eliminamos 2,5 litros de agua al día. Por tanto, necesitamos 2,5 litros de agua al día para que nuestras necesidades estén cubiertas.

Sin embargo, esta cifra no expresa la cantidad que hay que beber, porque el cuerpo no sólo recibe líquido en forma de bebida, sino también en forma de agua ligada.

Para algunas personas, las necesidades hídricas serán cubiertas principalmente por el agua contenida en los alimentos, y en segundo lugar por las bebidas y, para otras, principalmente por las bebidas y en segundo lugar por los alimentos. Concretamente, tomando dos situaciones teóricas opuestas, esto representa una aportación de 1,5 litros de agua a través de los alimentos y de 1 litro a través de la bebida, o bien de 1 litro a través de los alimentos y 1,5 litros a través de las bebidas.

La cifra media que se encuentra entre estas dos posiciones es de 1,25 litros de bebida al día. Se trata de una cantidad de líquido bastante escasa, ya que sólo representa seis vasos de agua de 2 dl. ¿Acaso el cuerpo sólo necesita 1,25 litros de agua al día?

No. Nuestras necesidades de agua no son tan bajas. Se trata de una cifra media y teórica que puede sufrir diferentes modificaciones. En la actualidad, numerosos factores tienden a incrementar en gran medida estas cifras.

El primer factor es que la alimentación actual se basa principalmente en alimentos secos y concentrados (pan, cereales, féculas) o ricos y grasos (carne, charcutería, salsas, dulces, mantequilla...). Eso explica que haya que producir más jugos digestivos para que estos alimentos sean más fluidos y fáciles de digerir. Esta alimentación también produce numerosas toxinas, obligando al cuerpo a ceder más líquido para transportar los restos a los emuntorios y eliminarlos.

Pero nuestra alimentación moderna también es demasiado salada. Suele ser entre tres y cuatro veces más salada de lo que debería. Nuestras necesidades diarias de sal se sitúan entre 3 y 5 g, pero en la práctica consumimos entre 12 y 15 g. Son por ello necesarias cantidades de líquido más importantes para diluir y eliminar el exceso de sal.

Como hemos visto, cuanto más comemos, más líquido necesita el cuerpo. Así, más allá de cualquier consideración cualitativa sobre los alimentos, la simple sobrealimentación actual también es un factor de incremento de nuestras necesidades de agua. En efecto, consumimos alimentos equivalentes a 3.600 calorías aproximadamente al día, cuando 2.100 calorías bastarían.

¿De dónde procede el exceso de sal?

La sal consumida por el ser humano procede ante todo de la sal añadida a los alimentos:
- 2/5 durante la cocción y en la mesa
- 3/5 durante la fabricación de los alimentos,

en cada 100 g de pan	entre 500 y 650 mg
de queso	entre 620 y 1100 mg
de carne seca	4300 mg
de charcutería	entre 160 y 2500 mg

Los alimentos tal y como nos los ofrece la naturaleza son pobres en sal:

en cada 100 g de verdura	entre 2 y 80 mg
de fruta	entre 1 y 30 mg
de cereales	entre 2 y 10 mg
de carne	entre 60 y 200 mg
de huevo	95 mg
de pescado de mar	entre 60 y 150 mg
de pescado de río	entre 60 y 110 mg

Necesidades de agua y aportes calóricos de los alimentos

En condiciones normales, se calcula que las necesidades de agua son de 1 ml por kilocaloría de alimento consumido para una ración superior a 2.000 kcal.

Aporte calórico	Necesidad de agua
2.000 kcal	2 L
2.500 kcal	2,5 L
3.000 kcal	3 L
3.500 kcal	3,5 L
4.000 kcal	4 L

Observaciones
- Consumo calórico medio en diferentes países:

Bélgica	3.681 kcal
Francia	3.640 kcal
Suiza	3.500 kcal
España	3.410 kcal

- Una persona que consume el equivalente a 4.000 kcal al día no debe beber 4 litros de agua: según su forma de alimentarse, sus necesidades de agua están cubiertas entre un 30 y un 50 % por el agua ligada de los alimentos.

El estrés también es un factor que hay que tener en cuenta. Provoca una aceleración general de los metabolismos y, por ende, una sudoración más importante a lo largo de todo el día. Así pues, es necesario suministrar mayor cantidad de agua al cuerpo, sobre todo si tenemos en cuenta que las toxinas producidas por el estrés necesitan también una aportación suplementaria de líquido para ser eliminadas.

El modo de vida y de alimentación actual contribuye, pues, de muchas formas a elevar nuestras necesidades de agua, y la cifra media de 1,25 litros está por debajo de la realidad. Entonces, ¿cuánto deberíamos beber?

Según diversos estudios, el consumo diario de bebidas debería situarse entre 1,5 y 2,2 litros, es decir, una cifra media de 1,8 litros. Basémonos en la cifra de 2 litros, ya que es la cantidad recomendada por la Organización Mundial de la Salud.

Dos litros de bebida al día representan aproximadamente 13 pequeños vasos de 1,5 dl, 8 vasos de 2,5 dl (vasos medios) o 7 grandes vasos de 3 dl.

¿Cómo saber dónde se sitúa nuestro propio consumo de bebida respecto a estos 2 litros? ¿Es superior, inferior o bien corresponde a esta cifra?

Medir nuestro consumo diario de bebida

Para determinar nuestro consumo personal de bebida, sólo existe una manera: medir, a lo largo del día, el volumen de cada bebida consumida. Como los aportes pueden variar de un día a otro, convendría efectuar estas medidas durante tres o cuatro días seguidos para obtener una media. Es importante anotar en seguida por escrito los volúmenes medidos, para no olvidarlos.

Al principio, medimos el volumen del vaso habitualmente utilizado. Si este volumen no aparece escrito en el propio vaso, lo podemos determinar gracias a un recipiente graduado. Basta entonces con anotar ese volumen cada vez que lo consumimos con ese vaso. El volumen de los recipientes utilizados en el comercio (botellas, envases de cartón, latas) es fácil de determinar, ya que suele estar indicado en la etiqueta o en el propio recipiente.

Cada día, calculamos el volumen total de las aportaciones líquidas efectuadas en forma de agua, infusiones, zumos de fruta o de verdura. El café, el té, los batidos de chocolate y los refrescos industriales no deben contarse enteros, al igual que el vino y la cerveza (*véase* capítulo 5). Hay que reducir su volumen a la mitad para obtener una cifra cercana a la realidad.

Al cabo de pocos días, aparece claramente una media diaria. Si es inferior a 2 litros, habrá que aumentar el volumen del consumo diario bebiendo tantos vasos como sea necesario para llegar a esta cantidad. Si la media diaria se sitúa en torno a los 2 litros, hay que seguir bebiendo y plantearnos al mismo tiempo si este volumen corresponde a nuestras necesidades.

Personalización de las necesidades

La cifra de 2 litros no es más que una estimación media de las necesidades generales del ser humano. El consumo diario será por consiguiente más elevado o reducido según los individuos, sus ocupaciones y su estilo de vida.

Las necesidades de agua varían de una persona a otra en función de su peso. Se calcula que las necesidades diarias (aportadas en forma de bebida y agua ligada) son de 40 ml por kilo corporal para niños y adultos. Este enfoque es un tanto esquemático, ya que las personas con sobrepeso deben beber cantidades que se vuelven antifisiológicas, aunque tomemos en consideración las aportaciones de agua ligada (más de 4 litros de agua para una persona de 110 kg).

Necesidades en agua y peso corporal	
Peso corporal (kg)	Necesidades en agua (L)
20	0,8
30	1,2
40	1,6
50	2
55	2,2
60	2,4
65	2,6
70	2,8
75	3
80	3,2
85	3,4
90	3,6
95	3,8
100	4

Las necesidades serán ligeramente inferiores entre las personas cuya alimentación está formada en gran parte por fruta y verdura. Estos alimentos aportan mucho líquido en forma de agua ligada, lo cual reduce sus necesidades en bebida. En cambio, un aumento del consumo de líquido –hasta 2,5 litros, a veces más– es indispensable entre las personas que comen mucho, especialmente alimentos secos y salados, y que se intoxican de diferente manera, por ejemplo, consumiendo mucho café, alcohol y tabaco. Lo mismo ocurre con las personas que comen mucha carne: cuanto más importante es el aporte de proteínas, mayor debe ser el consumo de agua.

Algunas circunstancias de la vida asimismo incrementan las necesidades de agua del cuerpo. Se trata de todas las situaciones que, al provocar un aumento de la sudoración, también hacen perder al organismo más agua de lo habitual:

- Actividades deportivas: ciclismo, tenis…
- Sauna
- Marcha en verano, bajo el sol
- Sesión de bronceado
- Vacaciones o estancia en países tropicales
- Verano con altas temperaturas
- Actividades al sol
- Trabajo en habitaciones excesivamente calientes
- Exceso de calefacción en una vivienda
- Estrés en general

¿Cuánto hay que beber de más en estas situaciones? Para aquellos que perciben claramente su sed y responden a su llamada, debería bastar con beber hasta saciarnos, siguiendo nuestro instinto. Sin embargo, es bueno saber que se recomienda a los deportistas beber entre 0,5 y 1 litro por cada hora de ejercicio; que el cuerpo suda más de un litro durante una sesión de sauna (40 g/min; 1 sesión de 10 minutos = 400 g; 3 sesiones = 1.200 g); que, para atravesar a pie el desierto americano del Valle de la Muerte a razón de 18 km al día, un joven deportista tuvo que beber 12 litros de agua al día.

Cuando el cuerpo se va a esforzar sólo durante un lapso de tiempo reducido, se aconseja beber antes del ejercicio. Cuando el esfuerzo se prolonga en el tiempo, como en los deportes de resistencia (ciclismo, carrera de fondo…), también hay que beber durante y después del ejercicio. Durante una estancia prolongada al sol o al calor, hay que incrementar el consumo de agua a lo largo de todo el día.

Una manera de asegurarse de que los aportes compensan perfectamente las pérdidas consiste en beber hasta que se manifieste la necesidad de orinar. Tras una demanda importante de las reservas hídricas del cuerpo, esta necesidad no aparece francamente hasta el momento en que las cantidades de líquido perdidas han sido sustituidas y superadas.

Cuándo hay que beber

¿Hay momentos del día más indicados que otros para beber?, nos preguntamos.

Se considera que beber un gran vaso de agua en ayunas es muy recomendable porque, cuando nos despertamos, el organismo no ha recibido ningún aporte de agua en toda la noche, es decir, durante ocho horas aproximadamente. En ningún otro momento del día nos quedamos tanto tiempo sin aporte de líquido. El despertar también es un momento en que el cuerpo elimina una cantidad importante de líquido: la orina fabricada durante la noche. Por tanto, el organismo agradece ese consumo de agua al despertar. En efecto, la llegada de agua al tubo digestivo estimula diferentes funciones.

Durante el resto del día hay que beber cada vez que tengamos sed, que la percibamos, lo cual no siempre ocurre.

Pero, ¿hay que beber durante las comidas? Se trata de un tema controvertido. Algunas personas se oponen a ello y otras lo recomiendan vivamente. ¿Quién tiene razón?

La necesidad de beber durante las comidas es legítima. El aporte de líquido permite una mejor fluidificación y deglución de los alimentos secos, y responde a la sed osmótica que se despierta automáticamente con las comidas. Se trata de la sed que exige un aporte de líquido para evitar que las células tengan que ceder parte de su agua a fin de diluir la sangre, que se vuelve espesa con la llegada de las sustancias nutritivas de la comida. El objetivo de la toma de bebidas es, por tanto, beneficioso porque, al beber durante las comidas, evitamos que las células se deshidraten.

Sin embargo, hay que procurar que esta sed no supere ciertos límites. Si es moderada, es fisiológica y es común a todos los seres humanos, sea cual sea su raza y tradición, y a los animales. Sin embargo, entre las personas cuyo consumo de líquido es generalmente demasiado reducido, la necesidad de beber durante las comidas se manifestará de forma exagerada. Al sufrir su cuerpo una falta crónica de agua, la sangre no tendría ni un volumen suficiente que ceder para la producción de los jugos digestivos (hasta 7 litros al día), ni un volumen suficiente para evitar que su concentración se eleve en exceso con la llegada de las sustancias nutritivas procedentes de los intestinos. Las necesidades de agua serán por ello importantes, la sed se intensificará y la persona beberá mucho durante la comida.

Se alcanza el objetivo de obtener el líquido que falta, pero, al mismo tiempo, la presencia de gran cantidad de este en el tubo digestivo durante las digestiones causa inconvenientes. No solamente resulta más difícil para los jugos digestivos atacar los alimentos bañados en agua, sino que el exceso de agua desconcentra los propios jugos digestivos, que pierden así su fuerza. Por tanto, las digestiones van a quedar perturbadas. Lo serán en especial cuando no se trate de agua, sino de cerveza, vino o bebidas azucaradas. El alcohol, los taninos, los ácidos y el azúcar que contienen estas bebidas tienen un efecto inhibidor sobre los jugos digestivos.

En conclusión, es beneficioso beber un poco durante las comidas, pero hay que evitar los excesos.

¿Qué medidas pueden tomar las personas que beben mucho durante las comidas para evitar perturbar sus digestiones por culpa de esta costumbre inadecuada?

La solución consiste simplemente en adelantarse a la demanda de agua, ofreciéndola al organismo *antes* de la comida. Media hora es una duración suficiente para que el agua ingerida en ayunas haya penetrado en la corriente sanguínea y esté disponible para los órganos digestivos (para fabricar jugos digestivos) y para la sangre (para fluidificarse). La cantidad de agua consumida durante la comida será entonces mucho menor.

Evidentemente, beber **mucho** justo después de las comidas tampoco es beneficioso. No hay que aportar mucho líquido después de las comidas con la idea de facilitar las digestiones. Si tenemos en cuenta que las digestiones duran aproximadamente dos horas, sería conveniente esperar este tiempo antes de beber abundantemente.

Estas indicaciones no son más que líneas directrices generales. El consejo «hay que beber cada vez que tenemos sed» sigue siendo válido. Pero es bueno saber cómo desplazar las circunstancias en que se manifiesta la sed cuando aparece en momentos fisiológicamente poco oportunos.

Cómo no olvidarse de beber

Algunas personas están demasiado absorbidas por sus actividades y olvidan beber. La mayoría de veces, se trata de despistes y no del hecho de no apreciar la bebida. Pero la consecuencia es que la cantidad de agua consumida a lo largo del día es inferior a 2 litros.

¿Cómo podemos aprender a no olvidarnos de beber? Los tres medios más utilizados son los siguientes:

1. Fijarse un horario

Determinamos por adelantado los momentos en los que beberemos. Se eligen con vistas a que se integren fácilmente en nuestro horario diario; deben corresponder a una articulación del horario (una pausa, por ejemplo), ser cómodos para beber, repetirse todos los días y ser lo suficientemente numerosos como para que se beba una cantidad de líquido adecuada.

Entre estos momentos claves, se encuentran: al despertar, durante las comidas, las pausas, la llegada al lugar de trabajo y el momento en que nos vamos, cuando llegamos a casa, etc. De esta manera, la persona sabe que bebe siempre en tal o cual momento del día. Al hacerlo día tras día, se acostumbra, y su organismo integra el horario. Con el tiempo, esta persona no solamente bebe en esos momentos, sino que lo hace por necesidad. Así, resulta cada vez más difícil olvidarse de beber cuando hemos adoptado la costumbre.

2. Preparar por adelantado el volumen que hay que beber

Para las personas que no tienen horario fijo o que no quieren estar sujetas a un horario para beber, es posible otro enfoque. En este caso, no se determina el horario, sino la cantidad de lo que hay que beber. Nos llevamos la cantidad de bebida establecida a nuestro lugar de trabajo y así podremos beberla a lo largo del día, procurando, eso sí, que nos la hayamos acabado antes de que finalice la jornada.

Primero hay que calcular cuál es el volumen de bebida que se debe consumir a lo largo del día (además de las bebidas habitualmente consumidas durante las comidas) hasta llegar a los 2 litros o más. Esta cantidad se sitúa generalmente entre 1 y 1,5 litros. Así pues, es fácil llevarla encima en una botella o un termo.

3. Beber después de cada micción

Otra manera de acordarse de beber consiste en beber después de cada micción un volumen igual al que acabamos de eliminar. Al principio, la asociación de ideas entre la eliminación de líquido y la necesidad de beber nos incitará a tomar líquido. Con el tiempo, la costumbre se instalará y la persona beberá sin pensarlo en esos momentos.

¿Sorbos grandes o pequeños?

La humanidad se divide en tres grandes grupos de bebedores: los que tienden a beber rápidamente con grandes sorbos continuos, los que beben lentamente con pequeños sorbos repetidos y los que se sitúan entre estas dos categorías. ¿Existe para el organismo una diferencia entre estas tres maneras de beber? ¿Alguna es mejor que otra?

Fisiológicamente, las tres formas permiten una buena hidratación del cuerpo, mientras el aporte sea suficiente. La elección de una u otra forma de beber es una cuestión de carácter y de temperamento, pero no es determinante para el organismo. Sin embargo, hay que señalar que beber con pequeños sorbos tiene el inconveniente de que da demasiado pronto la sensación de haber saciado nuestra sed. El contacto repetido del agua con las mucosas bucales y gástricas provoca esa falsa sensación de saciedad. La consecuencia es que, a veces, el volumen de agua finalmente bebido a lo largo del día es insuficiente para cubrir las necesidades del cuerpo. Otro inconveniente: algunas personas acaban por adoptar la mala costumbre de beber un sorbo o dos de agua en cualquier momento del día.

El inconveniente de beber con grandes sorbos se manifiesta ante todo cuando se bebe algo demasiado frío. El tubo digestivo recibe entonces brutalmente demasiado líquido que, además, está frío, lo cual puede provocar dolor de vientre.

¿Beber caliente o frío?

La temperatura corporal de 36,5 °C es la temperatura ideal para el funcionamiento orgánico. El cuerpo busca constantemente mantener su temperatura a ese nivel. ¿Eso significa que tenemos que beber únicamente bebidas a esa temperatura? La práctica demuestra que no. En general, bebemos o bien más caliente (hasta 60° para las infusiones por ejemplo) o más frío (entre 3 y 5 °C para una bebida sacada de la nevera, y 20 °C aproximadamente para el agua del grifo en verano). La razón de estas diferencias entre la temperatura corporal y la de las bebidas reside en el hecho de que la temperatura de las bebidas contribuye al mantenimiento de la temperatura corporal ideal de 36,5 °C.

Cuando tenemos frío, las bebidas calientes aportan calor al cuerpo y lo calientan. Al contrario, cuando tenemos calor, las bebidas frescas sacan calor y hacen perder al organismo parte del calor que había almacenado en exceso.

Una parte del intercambio de calorías (en forma de calor) que se produce entre el cuerpo y las bebidas se efectúa a la altura de la boca. Al entrar en contacto con las mucosas bucales, el calor de una bebida caliente se transmite a la sangre que, a su vez, se lo lleva a las profundidades para cederla a los tejidos. El proceso se realiza rápidamente ya que, por ejemplo, la temperatura de una infusión baja en unos segundos de 60° a 40 °C aproximadamente, cuando pasa de la boca al esófago.

El proceso inverso, el de la toma de calorías del cuerpo por parte de la bebida, también se hace muy rápidamente. La sangre y las mucosas bucales cederán efectivamente bastante calor para que la temperatura de una bebida helada a 2-3 °C suba hasta 20-30 °C durante el corto instante que separa su paso por las vías superiores del tubo digestivo.

La velocidad con que la modificación de la temperatura de las bebidas se efectúa sólo es posible cuando las cantidades aportadas son reducidas, es decir, cuando la bebida es consumida a sorbos lentos y pequeños. De hecho, esto ocurre la mayoría de veces, ya que las bebidas muy calientes o muy frías no pueden beberse a grandes sorbos: las calientes, porque queman la boca, y las frías, porque provocan dolorosas sensaciones de constricciones.

Cuando bebemos a grandes sorbos, hay que procurar que la temperatura de la bebida no sea extrema, ya que no podrá ser atemperada por el organismo a la altura de la boca.

Hay que señalar aquí que, en algunas circunstancias, beber algo caliente puede refrescar. Es el caso cuando tenemos calor después de un esfuerzo físico o cuando la temperatura ambiente es elevada. El calor aportado por la bebida incita al cuerpo a sudar. Como el sudor se evapora sobre la piel, unas calorías son extraídas del organismo, y así lo refresca.

Aunque nuestro instinto nos guía en la elección de la temperatura de nuestras bebidas, es bueno saber cuáles son las propiedades generales, beneficiosas y negativas, del agua caliente y del agua fría.

Los inconvenientes que presenta el agua caliente son mínimos. Bebida tal cual, tan sólo tiene un sabor menos agradable que el del agua fresca. El agua caliente, y más aún el agua tibia, también nos da muy pronto la sensación de tener el estómago lleno. Por tanto, las cantidades ingeridas son inferiores a las necesarias para cubrir las necesidades del organismo. En cambio, el agua ingerida en forma de infusión de plantas (menta, tila, verbena) se bebe fácilmente y en grandes cantidades.

El principal efecto beneficioso del agua caliente es que aporta calor al organismo, permitiéndole que deje en parte de producirla él mismo para mantener su temperatura normal o para luchar contra el frío. Las bebidas calientes (en forma de infusiones no azucaradas) resultan, por tanto, especialmente beneficiosas para las personas con falta de vitalidad, frioleras, mayores o afectadas de enfermedades crónicas. Al dilatar las mucosas y los vasos sanguíneos, el agua caliente favorece también los intercambios metabólicos. Probablemente sea una de las razones por las cuales se toma con tanta facilidad una bebida caliente durante el desayuno: la aportación de calor ayuda al «motor orgánico» dormido a ponerse en marcha.

Cuando el agua fría se bebe demasiado fría, en grandes cantidades o demasiado rápidamente, por una persona en situación de debilidad, esto puede enfriarla y hacerle perder fuerzas. Al margen de esto, el agua fresca siempre es beneficiosa.

Debido a su temperatura, tiene un efecto estimulante y dinamizador sobre el organismo en general. También tiene un efecto refrescante en los momentos en que tenemos mucho calor –después de una actividad física, por ejemplo–, momentos en los que la sed y la necesidad de agua se manifiestan más, ya que el esfuerzo nos ha hecho sudar. El agua fría tiene un sabor agradable y es a esta temperatura como la solemos beber la mayoría de veces.

CAPÍTULO 7

●

LAS CURAS DE REHIDRATACIÓN

La mejor manera de hidratar correctamente nuestro organismo consiste en beber diariamente 2 litros de agua o más. Esta medida higiénica será la base de la primera cura que describiremos en este capítulo.

Las otras nueve curas propuestas tienen un carácter más terapéutico.

Las dos *curas de rehidratación* buscan además hidratar el organismo, pero de forma más rápida de lo habitual. También son especialmente indicadas para las personas que llevan mucho tiempo bebiendo poco.

La cura con agua pura hidrata igualmente el organismo, pero su objetivo principal es la desintoxicación. Combina diferentes medios naturales para obtener una importante eliminación de toxinas.

El objetivo exclusivo de las dos *curas secas-húmedas* es la desintoxicación. Por tanto, aunque no hidraten especialmente el organismo, las mencionamos de todas maneras, por una parte porque son muy útiles y, por otra, porque ponen en marcha los mecanismos fisiológicos relacionados con la sed descritos en el capítulo 4.

A continuación se incluyen dos curas que asocian *la hidratación* y *la remineralización*. Gracias a una elección acertada del agua ingerida, la primera cura permite aportar al cuerpo el o los minerales que le faltan y compensar así sus carencias. La segunda cura, gracias a aguas alcalinas (ricas en minerales básicos), contribuye a desacidificar el organismo para restablecer el equilibrio ácido-básico. Las dos últimas curas se refieren a *la hidratación en dos ámbitos bien específicos: el deporte y los cuidados de belleza.*

Estas diferentes curas están al alcance de todos. Su objetivo, su modo de acción así como su práctica están explicados de manera que cualquiera las pueda escoger sabiendo lo que se hace y seguirlas con éxito. Sin embargo, las indicaciones son de orden general. Deberán por ello aplicarse con sentido común, es decir, adaptándolas a cada caso particular y a las posibilidades del momento.

♦♦ CURA DE HIDRATACIÓN ♦♦

OBJETIVO DE LA CURA

El objetivo de esta cura es suministrar al cuerpo la cantidad de agua que necesita diariamente, para que los tejidos estén siempre correctamente hidratados. No se trata exactamente de una cura –que por definición es algo limitado en el tiempo– sino de una medida de higiene normal, que hay que aplicar habitualmente.

SEGUIMIENTO DE LA CURA

La hidratación normal del cuerpo exige que bebamos aproximadamente 2 litros de agua diariamente, repartidos en varias tomas a lo largo del día.

MODO DE ACCIÓN

Gracias al aporte regular y suficiente de agua a lo largo del día, el líquido cedido por la sangre para formar los jugos digestivos, el sudor, la orina, etc., siempre queda inmediatamente sustituido. El suero extracelular sólo debe ceder una parte de su agua a la sangre. Si, así y todo, debe hacerlo en alguna ocasión, su volumen quedará rápida y fácilmente restablecido.

Como los dos niveles corporales superiores (sangre y suero extracelular) siempre están bien provistos de agua, las células pocas veces deberán ceder parte de la suya. Por tanto, jamás estarán deshidratadas, sino que, al contrario, estarán siempre llenas y rodeadas de agua, lo cual es una garantía de salud.

AGUA UTILIZADA

Agua mineral, de manantial o del grifo.

CANTIDAD

Por lo menos 2 litros.

HORARIO Y FRECUENCIA DE LAS TOMAS

Para alcanzar los 2 litros de agua al día, el número de veces en que beberemos dependerá del volumen ingerido en cada toma. El número deberá ser más elevado entre las personas que beben poco en cada toma que entre las que son capaces de beber mucho en cada toma.

Para repartir correctamente los aportes de agua a lo largo del día, podemos fijarnos en el horario siguiente. Nos muestra los momentos más habituales para el consumo de bebidas. Incluye 9 tomas, lo cual significa que cada una se eleva a una media de 2,1 dl: una cantidad fácil de beber para la mayoría de gente.

Ejemplo de horario:

- al despertar (7 h)
- durante el desayuno (8 h)
- al principio de la mañana (10 h)
- por la mañana (12 h)
- al mediodía (14 h)
- al principio de la tarde (16 h)
- por la tarde (18 h)
- antes de la cena (21 h)
- por la noche (23 h).

DURACIÓN DE LA CURA

Puesto que se trata de un método de higiene y no de una terapia, la «cura» puede seguirse sin límite de tiempo.

♦♦ CURA DE REHIDRATACIÓN Nº 1 ♦♦

OBJETIVO DE LA CURA

El objetivo de la cura de rehidratación es, no solamente aportar al cuerpo el agua necesaria para su funcionamiento normal, sino también compensar las carencias hídricas en profundidad. En efecto, el organismo de una persona que no ha recibido suficiente agua desde hace tiempo sufre un déficit hídrico crónico. Inevitablemente, este déficit produce una disminución más o menos importante del volumen de la sangre y del suero extra e intracelular. Estos líquidos sólo recuperarán su volumen si el cuerpo recibe más agua de la que utiliza normalmente.

SEGUIMIENTO DE LA CURA

La cura consiste en beber cada día más decilitros de los habituales, es decir, que alguien que necesite normalmente 2 litros deberá beber entre 2,2 y 2,5 litros al día.

MODO DE ACCIÓN

Cuando estos aportes se realizan con regularidad a lo largo del día y están siempre ligeramente por encima de las necesidades, el volumen sanguíneo va hacia arriba y se mantiene a un nivel elevado. Así, la sangre puede permanentemente ceder parte de su agua sobrante al suero extracelular, lo cual no era posible cuando a la propia sangre le faltaba líquido.

Gracias a este procedimiento, el suero extracelular recuperará su volumen normal e incluso lo superará ligeramente. Así, podrá ceder su agua sobrante al nivel inferior: el nivel celular. Las células compensan entonces sus carencias en agua y recuperan su volumen normal.

Estas aportaciones ligeramente sobrantes de agua ayudarán al agua a bajar poco a poco, de nivel en nivel, en las profundidades y a rehidratar correctamente el conjunto de los tejidos.

AGUA UTILIZADA

Agua mineral, de manantial o del grifo.

CANTIDAD

Entre 2,2 y 2,5 litros.

HORARIO Y FRECUENCIA DE LAS TOMAS

Se puede seguir con el horario personal de cada uno, pero aumentando ligeramente la cantidad ingerida durante cada toma. Una variante consiste en añadir 1 o 2 tomas en el horario habitual.

OBSERVACIÓN

Las personas que beben bastante por debajo de los 2 litros al día deberían primero seguir durante unas semanas –como etapa de transición– la cura de hidratación normal antes de pasar a ésta.

DURACIÓN DE LA CURA

La rehidratación de los tejidos es un proceso fisiológico y, como tal, no se lleva a cabo instantáneamente, sino que se extiende en el tiempo. Para que el agua penetre hasta las profundidades de los tejidos y llene plenamente las células, hay que seguir la cura de rehidratación durante un largo periodo, es decir, varios meses.

♦♦ CURA DE REHIDRATACIÓN Nº 2 ♦♦

OBJETIVO DE LA CURA

El objetivo de esta cura es el mismo que el de la cura precedente: dar al cuerpo más agua de la que necesita normalmente para su uso diario a fin de que pueda ceder agua más fácilmente a los sueros extra e intracelulares.

SEGUIMIENTO DE LA CURA

En lugar de fijar arbitrariamente el volumen de agua que hay que beber, como en la cura precedente, la adaptamos al funcionamiento orgánico ajustándolo en función de las micciones. En efecto, además de las micciones normales, el cuerpo orina cada vez que se quiere deshacer del líquido sobrante. Estas eliminaciones suplementarias se producen aproximadamente media hora después de haber bebido más allá de la sed (y, por tanto, de sus necesidades).

Así, si después de la primera micción de la mañana, bebemos bastante agua para obtener una nueva micción en la media hora siguiente, el organismo está en situación de excedente de líquido. Este estado puede mantenerse a lo largo de todo el día, bebiendo después de cada micción una cantidad de agua equivalente a la eliminada. Este estado de lleno permanente se puede mantener, ya que se compensa cualquier pérdida con un aporte equivalente.

Para evitar que la necesidad de orinar se manifieste demasiado rápidamente después de haber bebido (y, por tanto, demasiadas veces a lo largo del día), basta con reducir un poco el volumen de cada toma, pero cuidando siempre que se mantenga a un nivel superior a las necesidades. La cantidad de líquido excedente será menor y la necesidad de orinar aparecerá también menos a menudo. De este modo es posible establecer cierto ajuste o control del número de micciones.

MODO DE ACCIÓN

Como la sangre recibe más agua de la necesaria, una parte podrá bajar a los niveles inferiores del cuerpo y el resto será eliminado por los riñones.

AGUA UTILIZADA

Agua mineral, de manantial o del grifo.

CANTIDAD

La necesaria para mantener las micciones según el proceso que acabamos de explicar. El número de micciones varía de una persona a otra, en función de las cantidades de agua ingeridas y de las sensibilidades individuales.

HORARIO Y FRECUENCIA DE LAS TOMAS

No hay horario fijo. Se bebe después de cada micción.

DURACIÓN DE LA CURA

A lo largo de varios meses: de forma continuada o una de cada dos semanas.

◆◆ CURA DE HIDRATACIÓN Y ◆◆ DE DESINTOXICACIÓN CON AGUA PURA

OBJETIVO DE LA CURA

El objetivo de esta cura es hidratar el cuerpo y, al mismo tiempo, desintoxicarlo, es decir, ayudarlo a librarse de las toxinas y de los tóxicos que ha acumulado en la sangre y en los sueros extra e intracelulares. Las toxinas son los desechos y residuos metabólicos producidos por el organismo (ácido úrico, urea), de los tratamientos de los cultivos (insecticidas) y de los alimentos (aditivos), etc.

SEGUIMIENTO DE LA CURA

La cura consiste en beber 4,2 litros de agua muy pura, en siete tomas diarias de 6 dl.

MODO DE ACCIÓN

Tres diferentes factores contribuyen a la acción desintoxicante de esta cura: la pureza del agua, su volumen y el importante tránsito de líquido.

• La pureza del agua

Un agua perfectamente pura es un agua que sólo está compuesta de hidrógeno y oxígeno. En la naturaleza, un agua así no podría conservar su pureza durante mucho tiempo. Rápidamente se llenaría de sustancias minerales, vegetales o animales con las que se encontraría en su camino. Esta característica se debe a la facultad del agua para absorber sustancias. La utilización de agua pura en esta cura tiene como objetivo aprovechar esta facultad. Su inventor, el doctor Hanish,[*] recomendaba el uso de agua destilada, es decir, un agua perfectamente pura, ya que se obtiene por condensación del vapor de agua en un alambique. En efecto, sabemos que el agua que se eleva en forma de vapor se libra de las sustancias minerales que contenía.

El agua destilada posee, por tanto, esta facultad de absorción muy potente. Demasiado potente en nuestra opinión, y por eso, para evitar los riesgos de desmineralización, recomendamos el uso de aguas muy poco mineralizadas, como el agua de Bezoya (27 mg/L) o del manantial de

---

[*] Pionero de la medicina natural de principios del siglo xx.

Panticosa (29 mg/L). Algunos filtros utilizados para limpiar el agua del grifo también proporcionan aguas muy limpias.

Al penetrar en el organismo, el agua pura se encargará de las diversas sustancias con las que entrará en contacto. De todas estas sustancias, las toxinas serán las primeras en ser absorbidas. La razón es que, al no formar parte del propio cuerpo, no están tan bien fijadas ni, por tanto, tan retenidas en los tejidos como lo están las sustancias útiles que entran en la composición de la carne.

• El volumen de agua

En esta cura, cada vez que bebemos (siete veces al día), consumimos un volumen muy elevado de agua (6 dl).

Al penetrar en el cuerpo en un espacio de tiempo relativamente corto (30 minutos aproximadamente), este importante volumen de agua creará siete veces al día grandes variaciones de presión osmótica en ambas partes de las mucosas y entre los diferentes niveles del cuerpo:

- por una parte, debido a la cantidad de agua que desconcentrará en gran medida el líquido en el que penetra (la sangre, por ejemplo) en detrimento de aquel del que está separado ese líquido por una mucosa (el suero extracelular);
- por otra, debido a su pureza, ya que un líquido puro tiene más facilidad para desconcentrar otro que un líquido cargado él mismo de sustancias.

Así, al recibir 6 dl de agua pura en un tiempo reducido, la sangre se desconcentra en gran medida respecto al suero extracelular. Aunque la densidad del suero se mantiene estable, es proporcionalmente mucho más elevada que la de la sangre. La gran diferencia de concentración resultante provoca entonces una presión osmótica muy fuerte del suero extracelular sobre la sangre.

A fin de restablecer el equilibrio de las concentraciones, penetrará agua procedente de la sangre en el suero extracelular (para desconcentrarlo) y se enviarán sustancias sólidas desde el suero extracelular hasta la sangre (para concentrarla). Debido a la elevada presión osmótica ejercida, los intercambios que se producen en ambos sentidos serán muy intensos. Numerosas sustancias abandonarán por consiguiente el suero extracelular para dirigirse a la sangre. También aquí se tratará sobre todo de las toxinas que no forman parte de la estructura de los tejidos.

Una vez que el agua ingerida ha penetrado en la sangre, y más tarde en el suero extracelular, será el suero el que aumente de volumen. El mismo proceso que el descrito anteriormente se producirá por ello entre los sueros extra e intracelulares. Al no recibir agua, el suero intracelular adquiere una densidad proporcionalmente más importante y provoca una fuerte presión osmótica. También se producirán intensos intercambios osmóticos: bajará agua a las células y algunas toxinas subirán de las profundidades hasta llegar al suero extracelular.

Dondequiera que se encuentren y por mucha profundidad que puedan alcanzar, las toxinas vuelven poco a poco hacia la superficie gracias a los intercambios osmóticos. Luego, la sangre las conducirá hasta los emuntorios antes de ser expulsadas fuera del cuerpo.

- ## El tránsito del agua

El tercer factor que contribuye a las propiedades desintoxicantes de esta cura es el importante tránsito de líquido que se produce en el organismo gracias al gran volumen de agua bebido. Este tránsito se produce en superficie y en profundidad. En la superficie, mediante el agua rápidamente eliminada al transitar del tubo digestivo a la sangre, y luego a los riñones. En profundidad, por el agua que baja de un nivel corporal a otro hasta las células, gracias a los intercambios osmóticos.

El gran «lavado» de tejidos, resultado de las transferencias de líquidos, limpia el organismo de la misma manera que el cauce de un río estancado se libra de impurezas cuando lo recorre una fuerte corriente.

AGUA UTILIZADA

Agua de mineralización débil o muy débil (*véase* tabla «Las aguas menos mineralizadas en España, por comunidades autónomas», páginas 71-73).

CANTIDAD

Cada día, 4,2 litros.

HORARIO Y FRECUENCIA DE LAS TOMAS

Como lo importante es beber grandes cantidades a la vez y no pequeñas cantidades a lo largo de todo el día, no hay que intentar repartir los 4,2 litros de agua en el mayor número de tomas posibles, sino respetar las 7 tomas diarias.

Para repartir bien este número de tomas diarias, podemos proceder según el horario siguiente: beber 2 vasos de 3 dl,

- al despertar (7 h)
- después del desayuno (9 h)
- por la mañana (12 h)
- a mediodía (14 h)
- al principio de la tarde (16 h)
- por la tarde (18 h)
- al final de la tarde (20 h).

Evidentemente, otras variantes son posibles; lo importante es que resulte práctica para la persona que sigue la cura.

DURACIÓN DE LA CURA

Para los trastornos crónicos, serán necesarias entre tres y cinco semanas de cura. Como cura de salud: 1 semana únicamente o 2 días por semana durante 1-2 meses. Aquí también son posibles numerosas variantes, y todas dan resultado.

OBSERVACIÓN

Dado que se ingiere un importante volumen de agua, el apetito tiende a disminuir, y así se establece una ligera dieta junto a la cura.

Para preparar el organismo al esfuerzo que le será exigido, no hay que dudar en recurrir a una transición de entre dos y tres días para aumentar progresivamente el volumen de las bebidas a 4,2 litros al día. Por ejemplo, bebiendo 7 × 3 dl el primer día, 7 × 4 dl el segundo, y 7 × 5 dl el tercero.

CONTRAINDICACIONES

La insuficiencia cardíaca y las deficiencias renales son las dos contraindicaciones más importantes en esta cura. Las personas afectadas de retención de agua deben controlar que eliminan correctamente cada día toda el agua que han ingerido.

◆◆ CURA DE DESINTOXICACIÓN ◆◆
ALTERNA SECA-HÚMEDA

OBJETIVO DE LA CURA

Esta cura pretende, ante todo, desintoxicar el organismo de toxinas profundas, es decir, no las que están en la sangre, sino las que se estancan en el suero extracelular y en las células.

SEGUIMIENTO DE LA CURA

La cura incluye dos fases: una seca y otra húmeda.

- *Primera fase*: No beber nada durante 24 o 36 horas. No comer nada tampoco, o bien únicamente alimentos secos, por ejemplo panecillos, frutos secos u oleaginosos.
- *Segunda fase*: Beber entre 1 y 2 litros de agua en 1 hora para rehidratar bruscamente el organismo y provocar una fuerte diuresis. Una vez la hemos obtenido, hay que seguir bebiendo según los principios de la cura de rehidratación nº 2 durante dos o tres días: beber después de cada micción una cantidad de agua equivalente a la que hemos eliminado para mantener así un fuerte tránsito de líquido en el organismo.

MODO DE ACCIÓN

Durante la fase seca, la sangre ya no recibe agua del exterior para compensar las pérdidas provocadas por las eliminaciones. La única solución de la que dispone para reconstituir su volumen es obtener agua del suero extracelular. Una parte del agua contenida en el suero subirá, por tanto, hasta la sangre. Sin embargo, esta subida provoca de inmediato un desplazamiento de agua desde el suero intracelular con vistas a compensar las pérdidas del suero extracelular. Estos desplazamientos de líquidos, desde las profundidades celulares hasta las capas superiores, serán más intensos según la importancia de la carencia de agua a la altura de la sangre.

Paralelamente a este ascenso de líquido, se produce una subida de toxinas. Durante sus desplazamientos, los líquidos llevan consigo parte de las toxinas que contienen. Así, estas toxinas se verán obligadas a ascender hacia la superficie, cosa que no hubiese ocurrido, o por lo menos no tan rápida ni intensamente, si este movimiento ascendente no hubiera sido creado artificialmente gracias a la cura seca.

Las toxinas que han alcanzado la sangre han abandonado las profundidades, pero siguen encontrándose en el cuerpo y no han hecho más que desplazarse. De modo que, para deshacerse de ellas, es necesario que los emuntorios las rechacen hacia el exterior. Y en ese punto es donde interviene la segunda fase de la cura.

Bebiendo entre 1 y 2 litros en una hora, el volumen de la sangre sube rápidamente hasta su tasa normal, e incluso la supera; esto obliga a los riñones a eliminar el exceso de líquido. La fuerte diuresis que resulta de la marea líquida se lleva entonces con fuerza los desperdicios hacia el exterior del cuerpo. Luego, se mantiene esta diuresis a lo largo del día bebiendo después de cada micción, para asegurarse de que todas las toxinas que han subido han sido bien eliminadas. La orina es en ocasiones muy clara (incolora) y da la impresión de que han sido eliminadas pocas toxinas. En realidad, la eliminación se ha producido, pero el elevado volumen de agua consumida diluye la orina y la decolora.

AGUA UTILIZADA
Agua mineral, de manantial o del grifo.

CANTIDAD
Entre 1 y 2 litros durante la primera hora de la fase húmeda, luego 1 vaso grande después de cada micción.

HORARIO Y FRECUENCIA DE LAS TOMAS
Después de cada micción, durante la fase húmeda.

DURACIÓN DE LA CURA
La cura puede repetirse a voluntad, dejando un tiempo de descanso antes de hacerla de nuevo. Por ejemplo, dos curas al mes.

◆◆ CURA ALTERNA SECA-HÚMEDA ◆◆
(variante breve)

OBJETIVO DE LA CURA

Al igual que la precedente, el objetivo de esta cura es provocar que afloren las toxinas profundas. Se lleva a cabo durante un periodo de tiempo más breve.

SEGUIMIENTO DE LA CURA

Esta cura se acompaña de una sesión de sauna, de ejercicio físico o cualquier otra actividad que provoque una fuerte sudoración.

- *Fase seca*: No beber nada durante las horas que preceden la actividad escogida, una sesión de sauna por ejemplo, ni durante la propia sesión. No comer tampoco nada jugoso.
- *Fase húmeda*: En cuanto acaba la sauna, beber entre 1 y 2 litros de agua en 1 hora para provocar una fuerte diuresis.

MODO DE ACCIÓN

Esta cura actúa de la misma manera que la cura precedente. Sin embargo, la disminución del volumen sanguíneo (y la subida de toxinas resultante) se obtiene mediante la privación de bebida y el fuerte aumento de las eliminaciones de líquido que provoca la sesión de sudoración.

AGUA UTILIZADA

Agua mineral, de manantial o del grifo.

CANTIDAD

Entre 1 y 2 litros después de la sudoración.

DURACIÓN DE LA CURA

La cura puede repetirse regularmente, a condición de rehidratarse bien después de las sesiones.

♦♦ CURA DE HIDRATACIÓN ♦♦ Y REMINERALIZACIÓN

OBJETIVO DE LA CURA

El objetivo de esta cura es remineralizar el organismo hidratándolo al mismo tiempo.

SEGUIMIENTO DE LA CURA

Para seguir esta cura, basta con consumir los 2 litros que normalmente se beben cada día, pero utilizando, no el agua del grifo, sino un agua de manantial especialmente elegida por su contenido en minerales.

Existe una amplia oferta, a este respecto. Las aguas minerales disponibles en el mercado son muy numerosas, ya que a las marcas de venta internacional se añaden todas las aguas regionales de las diferentes localidades.

En función del mineral que predomina en ellas, cada tipo de agua recibe una apelación diferente: aguas cálcicas, magnésicas, sódicas, sulfurosas, cloruradas, ferruginosas, etc. La apelación sólo se otorga si el contenido del mineral en cuestión es superior a 150 mg/L para el calcio, 50 mg/L para el magnesio, 200 mg/L para el azufre, 200 mg/L para el sodio, 1 mg/L para el flúor, 1 mg/L para el hierro…

Cuando dos minerales están fuertemente representados, se utiliza una combinación de estas denominaciones. Por ejemplo, agua «clorurada-sódica» cuando el agua en cuestión contiene mucho cloro y sodio; o bien «sulfuro-cálcica» cuando el azufre y el calcio predominan. Estas indicaciones aparecen en las etiquetas de las botellas, lo que nos permite orientarnos en consecuencia.

Cuando hay que compensar una carencia precisa, escogemos una o varias aguas ricas en el mineral faltante y las consumimos diariamente por un periodo de 4 a 6 meses (*véanse* tablas siguientes). Si la razón de la cura no es compensar alguna carencia, sino porque buscamos una remineralización general del organismo, beberemos durante un mes un agua rica en calcio, al mes siguiente un agua rica en magnesio, y así sucesivamente, para que las diferentes variedades de aguas y minerales se sucedan en el tiempo.

AGUA UTILIZADA

Aguas minerales y de manantial exclusivamente.

CANTIDAD

Cada día, 2 litros.

HORARIO Y FRECUENCIA DE LAS TOMAS

Según la costumbre.

DURACIÓN DE LA CURA

Entre 4 y 6 meses como mínimo para las aguas comercializadas. En cuanto a las aguas minerales bebidas en el manantial, especialmente cuando están muy mineralizadas, la duración de las curas es más breve. Hay que seguir las indicaciones dadas en cada caso.

Aguas ricas en calcio*			
Comunidad autónoma	Denominación comercial	mg/L	Lugar de origen
ANDALUCÍA	Alhama	135,5	Alhama de Almería (Almería)
	Zambra	111	Zambra (Córdoba)
	La Paz	103,4	Marmolejo (Jaén)
ARAGÓN	Aguas de Manzanera	697,4	Manzanera (Teruel)
	El Cañar	104	Jaraba (Zaragoza)
	Lunares	100	Jaraba (Zaragoza)
BALEARES	Bastida	104,2	Alaró
CATALUÑA	Font Picant**	114,6	Amer (Girona)
COMUNIDAD VALENCIANA	Font Sol	120	La Font de la Figuera (Valencia)
NAVARRA	Betelu	100,8	Betelu (Navarra)
PAÍS VASCO	Insalus	161,9	Lizarza (Guipúzcoa)
LA RIOJA	Peñaclara	145,9	Torrecilla en Cameros (La Rioja)

* Según la normativa de etiquetado de las aguas minerales, un agua se denomina *cálcica* si presenta un contenido de calcio superior a 150 mg/L.
** Agua con gas.

Aguas ricas en magnesio*			
Comunidad autónoma	Denominación comercial	mg/L	Lugar de origen
ANDALUCÍA	Aguavida	63,2	Casarabonela (Málaga)
ARAGÓN	Aguas de Manzanera	145,9	Manzanera (Teruel)
CATALUÑA	Font del Pi	70,5	Guissona (Lleida)

* Según la normativa de etiquetado de las aguas minerales, un agua se denomina *magnésica* si presenta un contenido de magnesio superior a 50 mg/L.

Aguas ricas en silicio			
Comunidad autónoma	**Denominación comercial**	**mg/L**	**Lugar de origen**
ANDALUCÍA	Alhama	31	Alhama de Almería (Almería)
	Fonte Forte*	33,1	Lanjarón (Granada)
ARAGÓN	Agua de Panticosa	42,2	Panticosa (Huesca)
CANARIAS	El Pinalito	137,9	Vilaflor (Tenerife)
	La Ideal II	118,6	Firgas (Las Palmas de Gran Canaria)
	La Ideal	114,3	Firgas (Las Palmas de Gran Canaria)
	Agua de Teror	76,6	Teror (Las Palmas de Gran Canaria)
CASTILLA-LA MANCHA	Agua del Rosal	40,65	Calera y Chozas (Toledo)
CASTILLA Y LEÓN	Babilafuente	54,9	Babilafuente (Salamanca)
CATALUÑA	Font Picant*	72,3	Guissona (Lleida)
	Malavella	77,2	Caldes de Malavella (Girona)
	Vichy Catalán	76,8	Caldes de Malavella (Girona)
	Imperial	70,9	Caldes de Malavella (Girona)
	San Narciso*	70,9	Caldes de Malavella (Girona)
	Caldes de Boí	40,6	Barruera (Lleida)
	Font del Pi	39,9	Guissona (Lleida)
	Vilajuïga	35,8	Vilajuïga (Girona)

Aguas ricas en silicio (cont.)			
Comunidad autónoma	Denominación comercial	mg/L	Lugar de origen
GALICIA	Mondariz	71,3	Mondariz-Balneario (Pontevedra)
	Cabreiroá (pozo 1)	66,7	Verín (Ourense)
	Fontenova*	61,8	Verín (Ourense)
	Sousas	51,2	Verín (Ourense)
	Cabreiroá (pozo 2)	42,8	Verín (Ourense)
	Fontecelta	33	Céltigos-Sarria (Lugo)

* Aguas con gas.

Aguas ricas en hierro*			
Comunidad autónoma	Denominación comercial	mg/L	Lugar de origen
ANDALUCÍA	Fonte Forte**	2,87	Lanjarón (Granada)
GALICIA	Fuente del Val 2	1,22	Mondariz (Pontevedra)

* Según la normativa de etiquetado de las aguas minerales, un agua se denomina
ferruginosa si presenta un contenido de hierro superior a 1 mg/L.
** Agua con gas.

Aguas ricas en litio			
Comunidad autónoma	Denominación comercial	mg/L	Lugar de origen
CATALUÑA	Imperial	1,33	Caldes de Malavella (Girona)
	Malavella	1,3	Caldes de Malavella (Girona)
	San Narciso*	1,32	Caldes de Malavella (Girona)
	Vichy Catalán	1,3	Caldes de Malavella (Girona)
GALICIA	Fontenova*	2,9	Verín (Ourense)

* Aguas con gas.

◆◆ CURA DE HIDRATACIÓN ◆◆ Y DESACIDIFICACIÓN

OBJETIVO DE LA CURA

El objetivo de esta cura es, a un tiempo, hidratar los tejidos y desacidificar el terreno orgánico. Habitualmente, un desequilibrio ácido-básico hacia la acidificación se corrige siguiendo un régimen alcalino. Beber agua alcalina actúa en el mismo sentido.

SEGUIMIENTO DE LA CURA

Se escogen los 2 litros de agua normalmente bebidos cada día entre las aguas minerales y de manantial ricas en minerales básicos, es decir, aguas cuyo pH sea superior a 7.

MODO DE ACCIÓN

Las bases minerales contenidas en el agua neutralizan los ácidos excedentes que acidifican el terreno. Por otra parte, las sales neutras resultantes (una base + un ácido = una sal neutra) serán fácilmente evacuadas por los riñones y las glándulas sudoríparas, gracias al importante volumen de agua ingerida.

AGUA UTILIZADA

Agua mineral alcalina o agua de manantial alcalina (*véase* tabla de las páginas siguientes)

CANTIDAD

Cada día, 2 litros.

HORARIO Y FRECUENCIA DE LAS TOMAS

Según la costumbre.

DURACIÓN DE LA CURA

Entre 4 y 6 meses como mínimo. Para las personas muy acidificadas: todo el año.

Aguas minerales alcalinas*		
Denominación comercial	pH	Lugar de origen
Panticosa	9,3	Panticosa (Huesca)
Aguavida	8,8	Casarabonela (Málaga)
Binifaldó	8,1	Escorca (Baleares)
Sierras de Jaén	8,04	Los Villares (Jaén)
L'Avellá	8	Catí (Castellón)
Solares	7,95	Solares (Cantabria)
Galea	7,94	Meres - Siero (Asturias)
Insalus	7,94	Lizarza (Guipúzcoa)
Vilas del Turbón	7,94	Vilas del Turbón - Torrelarribera (Huesca)
Alzola	7,93	Alzola - Elgoibar (Guipúzcoa)
Ribes	7,89	Ribes de Freser (Girona)
Veri	7,87	Bisauri (Huesca)
La Ideal I	7,83	Firgas (Las Palmas de Gran Canaria)
Bastida	7,81	Alaró (Baleares)
El Carrizal	7,81	San Andrés del Rabanedo (León)
Agua de Cuevas	7,8	Aller (Asturias)
Agua de Teror	7,8	Teror (Las Palmas de Gran Canaria)
Fuente en Segures	7,8	Benasal (Castellón)
Fuente Vidrio	7,8	Caravaca (Murcia)
Orotana	7,79	Artana (Castellón)
Fournier	7,75	La Garriga (Barcelona)
Betelu	7,71	Betelu (Navarra)
Font del Regàs	7,7	Arbúcies (Girona)
Font d'or	7,7	Sant Hilari Sacalm (Girona)
Fontoira	7,7	Cospeito (Lugo)
Sierra Bonela	7,7	Málaga (Málaga)
Sierra Cazorla	7,7	Villanueva del Arzobispo (Jaén)

Aguas minerales alcalinas* *(cont.)*		
Denominación comercial	pH	Lugar de origen
Cañizar	7,69	Cañizar del Olivar (Teruel)
Font del pi	7,66	Guissona (Lleida)
Font d'Elca	7,65	Salem (Valencia)
Agua de Mijas	7,6	Mijas (Málaga)
Neval	7,59	Moratalla (Murcia)
Aguas de Ribagorza	7,57	Graus (Huesca)
Agua del Rosal	7,55	Calera y Chozas (Toledo)
Montepinos	7,52	Almazán (Soria)
Fontselva	7,5	Sant Hilari Sacalm (Girona)
Font Sol	7,5	La Font de la Figuera (Valencia)
Pallars	7,5	Rialp (Lleida)
Vichy Catalán	7,5	Caldes de Malavella (Girona)
Zambra	7,5	Zambra (Córdoba)
Cardó	7,49	Benifallet (Tarragona)
Peñaclara	7,44	Torrecilla en Cameros (La Rioja)
Cantalar	7,4	Moratalla (Murcia)
Caldes de Boí	7,39	Barruera (Lleida)
Fuente Primavera	7,37	San Antonio de Requena (Valencia)
La Paz	7,35	Marmolejo (Jaén)
Fontecelta	7,32	Céltigos-Sarria (Lugo)
El Cañar (Jaraba)	7,31	Jaraba (Zaragoza)
Borines	7,3	Borines - Piloña (Asturias)
El Portell	7,3	Montserrat (Valencia)
Fontecabras	7,3	Jaraba (Zaragoza)
Font Sorda - Son Cocó	7,3	Alaró (Baleares)
Lunares	7,3	Jaraba (Zaragoza)
Alhama	7,29	Alhama de Almería (Almería)
Santolín	7,23	Quintanaurria (Burgos)
* pH superior a 7.		

♦♦ HIDRATACIÓN Y DEPORTE ♦♦

OBJETIVO DE LA CURA

Los deportistas deben asegurar una buena hidratación de su organismo antes, durante y después del esfuerzo para compensar al máximo la inevitable pérdida de agua (en forma de sudor) provocada por el intenso ejercicio físico. El problema de los deportistas (y de los que se dedican a trabajos físicos) es que, cuanto más líquido pierden, menos rendimiento prestan. Si bien es cierto que esto no tiene consecuencias en los esfuerzos de corta duración (menos de una hora), más allá de ese umbral, la hidratación es fundamental.

SEGUIMIENTO DE LA CURA

Hay que considerar cuatro momentos:

- ### Antes del esfuerzo

  Regularmente, a lo largo del año, los deportistas deberán seguir las curas de rehidratación 1 o 2 para asegurarse de que sus tejidos contienen el máximo de agua fisiológicamente posible. Así, no abordarán sus actividades físicas con un déficit.

- ### Justo antes del esfuerzo

  Es bueno proporcionar cierta cantidad de agua al organismo justo antes del esfuerzo. Esto le permite compensar rápidamente las primeras pérdidas de líquido sin tener que obtenerla de sus tejidos y, por ende, de sus músculos.

  Sin embargo, esta cantidad no debe ser demasiado elevada. En primer lugar, porque la capacidad de absorción del agua por parte de los intestinos está limitada a entre 600 y 1000 ml por hora. El agua aportada en exceso se quedará por tanto a la altura del estómago y entorpecerá al deportista. Además, un volumen demasiado importante provocará una hiperhidratación de los tejidos y, por tanto, la necesidad de orinar durante el esfuerzo, lo cual no es deseable. Así pues, se recomienda beber aproximadamente 5 dl de agua entre 30 y 60 minutos antes del esfuerzo, pero no beber nada durante la última media hora de éste.

• Durante el esfuerzo

No siempre resulta fácil beber durante una actividad física, pero como la pérdida de líquido puede alcanzar un litro de sudor o más por hora, hay que esforzarse en hacerlo. Lo más fisiológico es beber poco cada vez, pero hacerlo a menudo. Por ejemplo, 1 o 2 dl cada 10 o 15 minutos.

• Después del esfuerzo

Siempre hay un déficit hídrico que debe compensarse después del esfuerzo, porque la eliminación de agua por la piel (entre 1 y 3 L/h) es superior a la capacidad de asimilación de los intestinos. La rehidratación durará más en función de la profundidad de la deshidratación. Podrá llegar hasta 3 litros de agua en 4 horas, a razón de entre 1 y 2 dl cada 15 minutos. En efecto, la velocidad de asimilación no depende del estado de deshidratación, sino que es un valor fijo.

AGUA UTILIZADA

- Agua mineral o de manantial para compensar las pérdidas en minerales.
- Agua ligeramente azucarada para evitar los desfallecimientos provocados por la hipoglucemia.
- Agua ligeramente salada (1 g/L) para favorecer la asimilación por los intestinos del agua y compensar las pérdidas en sodio por el sudor, pero esto sólo en caso de sudoraciones muy fuertes.

OBSERVACIÓN

Sólo hemos descrito los principios generales de la hidratación de los deportistas. Para más detalle, consulte la literatura especializada (*véase* bibliografía).

♦♦ HIDRATACIÓN Y BELLEZA ♦♦

OBJETIVO DE LA CURA

Aunque la belleza sea ante todo una cuestión de brillo interior, los cuidados corporales también pueden contribuir a ella. Estos cuidados se centrarán principalmente en la silueta y la piel, dos ámbitos en los que las curas de agua actúan con mucha eficacia.

• La silueta

La ganancia de peso suele modificar negativamente la silueta. Pero esta ganancia, fruto de la sobrealimentación, puede ser combatida con una cura de agua. Al beber generosamente (más de 2 litros al día), disminuimos la cantidad de alimentos consumidos y hacemos desaparecer la falsa sensación de hambre. Además, una buena hidratación de los tejidos favorece la actividad de las enzimas, y por tanto la combustión de las sobrecargas de grasa.

• La piel

El agua es un constituyente esencial del revestimiento cutáneo. En efecto, la piel de una persona de 70 kg contiene 9 litros de agua. Esta agua está retenida por moléculas especiales capaces de fijar hasta mil veces su peso en agua. Así, la deshidratación es uno de los principales factores de la pérdida de belleza y del envejecimiento de la piel.

Cuando le falta agua, la piel pierde brillo, se seca, se arruga y pierde elasticidad, firmeza y color. Aparecen granos porque las glándulas sudoríparas y sebáceas eliminan mal las toxinas y se congestionan.

Hidratar correctamente la piel con un consumo adecuado de agua permite evitar estos ataques a la belleza de la piel, e incluso hacerlas desaparecer si ya están presentes.

SEGUIMIENTO DE LA CURA

Para perder peso, la cura consiste en beber entre 2,5 y 3,5 litros de agua al día. Para los cuidados de la piel, 2,5 litros de agua deberían bastar.

AGUA UTILIZADA

Aguas minerales o de manantial poco mineralizadas (*véase* tabla páginas 71-72).

CANTIDAD

- Entre 2,5 y 3,5 litros o más para perder peso. La cantidad de líquido debe ser proporcional al sobrepeso de la persona.
- Con la finalidad de mantener la belleza de la piel, 2,5 litros aproximadamente,

DURACIÓN DE LA CURA

Para ser eficaces, estas curas deben seguirse a largo plazo.

Bibliografía

AUBY, Jean François: *Les eaux minérales*, Presses Universitaires de France, París, 1994.
Exposición general sobre las virtudes y el uso de las aguas minerales.

BATMANGHELIDJ, Fereydoon: *Votre corps réclame de l'eau*, Jouvence/Trois Fontaines, 1994.
El autor explica la relación que existe entre numerosas enfermedades y la deshidratación del organismo.

COTTET, Jean: *La soif*, Presses Universitaires de France, 1976.
Este libro describe en detalle el proceso de la sed y los daños provocados por la deshidratación.

EVINA, Emmanuelle: *Le guide du buveur d'eau*, Solar, 1997.
Esta guía censa todas las aguas minerales y de manantial francesas vendidas en botella y describe sus características, sabores y virtudes.

GARNIER, Alain: *Alimentation et sport*, Maloine, 1992.
Contiene un análisis de los requerimientos de agua durante el esfuerzo físico.

—: *Biologie appliquée au sport*, Amphora, 1991.
Incluye un capítulo dedicado a los requerimientos de agua de los deportistas.

ROUSSEAN, Alain: *Retrouver et conserver sa santé par le sauna* (vendido directamente por el autor: 46, rue de la Victoire – 75009 París, Francia).
Contiene interesantes informaciones sobre la circulación del agua en el cuerpo y sobre las «curas alternas secas-húmedas».

ULMER, Günter-A: *Développez votre potenciel énergétique*, Jouvence/Trois Fontaines, 2001.
Una guía muy práctica sobre la gestión del bienestar; dedica tres capítulos al agua: energía y agua potable, el agua de nuestras canalizaciones, cómo limpiar el agua potable.

VASEY, Christopher, en Ediciones Jouvence.
La cure de petit-lait. L'équilibre acido-basique. Gérez votre équilibre acido-basique. Manuel de détoxication.

Bibliografía
RECOMENDADA EN ESPAÑOL

ANEABE: *Libro blanco del sector de aguas de bebida envasadas en España.* Madrid, CIABE, 2000.

MARAVER, F. (dir.): *Vademécum de aguas mineromedicinales españolas.* Instituto de Salud Carlos III, Madrid, 2004.

MARTÍNEZ GIL, F. J.: *La nueva cultura del agua en España.* Bilbao, Bakeaz, 1997.

ROJAS HIDALGO, E.: *El agua. Un estudio biomédico.* Barcelona, Doyma, 1993.

Índice

Si lo desea puede enviarnos algún comentario sobre

¡AGUA!
TU CUERPO TIENE SED

Esperamos que haya disfrutado con la lectura y que este libro ocupe un lugar especial en su biblioteca particular. Dado que nuestro principal objetivo es complacer a nuestros lectores, nos sería de gran utilidad recibir sus comentarios, enviando esta hoja por correo, fax o correo electrónico a:

EDICIONES OBELISCO
Pere IV 78, 3° 5ª
08005 Barcelona (ESPAÑA)
Fax: (34) 93-309-85-23
e-mail: comercial@edicionesobelisco.com

✎ Comentarios o sugerencias:

_____
_____
_____

✎ ¿Qué le ha llamado más la atención de este libro?

_____
_____
_____

✎ ¿Desea recibir un catálogo de nuestros libros? (Válido sólo para España.)
❑ SÍ   ❑ NO

✎ ¿Desea recibir nuestra agenda electrónica de actividades?
❑ SÍ   ❑ NO

Si desea recibir **NUESTRA AGENDA ELECTRÓNICA** de actividades con conferencias, talleres y eventos, además del boletín con las nuevas publicaciones, puede darse de alta automáticamente en nuestra web **www.edicionesobelisco.com** y facilitarnos sus datos en el apartado Suscríbase.

Nombre y apellidos:
Dirección:
Ciudad: Código Postal:
Provincia/estado: País:
Teléfono: E-mail:

¡Gracias por su tiempo y su colaboración!